자바개발자를 위한

| 박중수 저 |

KOTLIN

자바개발자를 위한
KOTLIN

| 만든 사람들 |

기획 IT·CG기획부 | **진행** 유명한 | **집필** 박중수 | **편집·표지디자인** 원은영

| 책 내용 문의 |

도서 내용에 대해 궁금한 사항이 있으시면
저자의 홈페이지나 디지털북스 홈페이지의 게시판을 통해서 해결하실 수 있습니다.

디지털북스 홈페이지 www.digitalbooks.co.kr

디지털북스 페이스북 www.facebook.com/ithinkbook

디지털북스 카페 cafe.naver.com/digitalbooks1999

디지털북스 이메일 digital@digitalbooks.co.kr

저자 이메일 wndtn853@gmail.com

| 각종 문의 |

영업관련 hi@digitalbooks.co.kr

기획관련 digital@digitalbooks.co.kr

전화번호 (02) 447-3157~8

글쓴이의 말

코틀린이 2017년 5월 Google IO 행사에서 안드로이드 공식지원 언어로 선정되었습니다. 아직 코틀린의 생태계는 그렇게 넓지 않지만 기존 자바의 생태계를 이용할 수 있다는 점, 안드로이드 공식지원 언어라는 점과 출시된지 7년이 지나 완성도도 꽤 높은 언어라는 점에서 전망이 매우 밝은 언어라고 볼 수 있습니다.

코틀린은 사실 예전부터 안드로이드에서 자바의 대안언어로 주목받고 있었습니다. Go, Swift등의 언어도 안드로이드의 대안언어로 거론되었지만 저는 코틀린을 안드로이드 언어로 유력하게 보고있었습니다. 그 이유는 아래와 같습니다.

1. 안드로이드 스튜디오가 IntelliJ의 엔진을 사용하고 있어 안드로이드라는 매개체로 jetbrains와 구글이 가까워진 점.
2. 기존의 자바 라이브러리들을 그대로 사용할 수 있다는 점. 즉 자바에서 코틀린으로 갈아타는데에 리스크가 매우 적다는 점.
3. jetbrain에서 플러그인형태로 코틀린 안드로이드개발을 지속적으로 지원하고 있어 코틀린으로 안드로이드를 개발하는 데에 접근성이 높다는 점.

그리하여 코틀린을 선택하여 공부하게 되었고 2016년 군복무를 하는 와중에 코틀린 1.0 정식버전이 릴리즈되었다는 소식을 들었습니다. 이전부터 안드로이드 언어로 주목받아온만큼 많은 수요가 생길 것이라 예상하고 코틀린 교육자료를 만들어 슬라이드쉐어에 공유했었습니다. 그리고 마침내 2017년 5월 코틀린이 안드로이드 공식언어로 지정되었습니다. 그리고 이전에 올린 그 교육자료를 보신 디지털북스 양종엽 본부장님께 연락을 받게 되었고 이 책을 집필하게 되었습니다.

코틀린은 실용성을 강조한 언어입니다. 직관적인 문법을 가지고 있고, 코드 재사용성을 높였습니다. 또한 데이터 타입 추론이나 클로져같은 함수형의 특징도 받아들였습니다. 기존에 자바로 복잡하게 표현했던 문법들을 코틀린을 사용하면 간단하게 표현할 수 있습니다. 스위프트의 문법을 만드는 데에 코틀린의 문법이 큰 영향을 끼쳤다고도 알려져 있을 만큼 코틀린의 문법은 아주 세련됐습니다. 이 책을 통해 독자분들이 코틀린과 더욱 가까워지는 계기가 되었으면 좋겠습니다.

좋은 기회를 제공해주신 디지털북스의 담당자분들과 양종엽 본부장님께 감사의 말씀을 전합니다.

또한 하늘에 계신 어머니와 올바르게 커준 동생 선미, 같이 살면서 강한 생활력을 보여주는 우아한형제들 신봉자 박영환, 항상 함께여서 즐겁고 배울 점이 많은 친구들 정홍렬, 박상균, 김민수, 이민균, 장병철, 이병권, 송영재, 전동규와 열심히 공부해주는 개발자들의 멤버들과 미처 언급하지 못한 다른 고마운 사람들에게도 감사를 표합니다.

2017년

집필자 **박중수**

이 책에 대해

1. 이 책의 대상

이 책은 자바를 알고있다는 전제하에 진행합니다. 그리하여 코드를 읽으면 출력결과를 유추할 수 있다는 전제하에 출력결과는 대부분 생략했습니다. 하지만 생소하거나 꼭 필요한 코드에는 출력결과를 적어놨습니다.

또한 대상으로는 코틀린의 문법을 공부하려는 개발자들과 코틀린을 도입하려는 안드로이드 개발자들를 대상으로 하고 있습니다. 따라서 안드로이드의 세세한 부분은 담겨있지 않으며, 안드로이드를 어느 정도 알고 있다고 가정하고 책의 내용을 진행합니다. 하지만 초보자도 최대한 보고 따라할 수 있도록 생각하며 만들었습니다.

2. 학습 목표

이 책의 목표는 코틀린 개발환경 설정, 코틀린 문법숙지, 기존 자바의 기능을 코틀린에서 사용하는 법, 안드로이드 스튜디오에서 코틀린으로 안드로이드 어플리케이션을 개발하는 법을 익히는 것입니다. 최종적으로는 안드로이드 어플리케이션을 코틀린과 자바로 동시에 개발해보며 둘의 차이점을 학습합니다.

3. 개발환경

운영체제는 Windows 10을 사용하며 JDK는 1.8버전을 사용하고 코틀린은 2017년 10월 기준 최신버전 1.1.51 버전을 사용합니다. 개발툴은 jetbrain의 intelliJ Idea와 Android Studio를 사용합니다.

다만 어플리케이션을 제작할 때에는 OS X를 이용해 개발하였습니다. 하지만 안드로이드 스튜디오의 메뉴 배치나 구성들은 동일하므로 학습에 지장이 있진 않습니다.

4. 예제소스

이 책에서 예제로 사용한 소스코드는 제 깃허브 저장소에서 모두 볼 수 있습니다. 저장소에서 kotlinbook_ 수식어로 시작하는 모든 저장소가 이 책에서 사용하는 예제소스이며 주소는 아래와 같습니다.

⋯ https://github.com/JSDanielPark

5. 이 책의 구성

이 책은 아래와 같이 구성되어 있습니다.

❶ Kotlin Start

코틀린이 무엇인지 알아보고 코틀린의 시작하기까지의 설치와 환경설정을 학습합니다. 그리고 코틀린에 대해 학습할 때 도움이 되는 한국의 웹페이지들을 알아봅니다. 그 후 프로젝트를 생성하고 간단한 프로그램을 작성해봄으로써 코틀린의 간단한 문법을 맛봅니다.

❷ Kotlin의 문법

코틀린의 문법에 대한 전반적인 내용을 학습합니다. 이 장은 독자가 자바를 알고있다는 가정하에 진행합니다. 문법의 역할을 설명함과 동시에 간단한 예제를 보며 빠르게 학습할 수 있도록 합니다.

❸ Kotlin API

코틀린의 Collections와 코틀린의 깔끔한 문법을 더 빛나게 해줄 유용한 함수들을 예제를 통해 익혀봅니다.

❹ 안드로이드 개발 첫 걸음

코틀린을 이용하여 안드로이드 어플리케이션을 개발하는 기본을 배웁니다. 안드로이드 스튜디오를 설치한 다음 안드로이드 스튜디오에 코틀린 플러그인을 설치해 안드로이드 개발환경을 구축하는 법을 학습합니다. 그리고 간단한 예제 어플리케이션을 개발해봄으로써 실제로 코틀린을 사용하는 감을 익힙니다.

❺ 전화번호부 어플리케이션 개발

지금까지 학습한 내용을 바탕으로 코틀린을 사용해 안드로이드 어플리케이션을 실제로 제작해봅니다.

소스코드는 자바와 코틀린 둘 다 각각 사용하여 개발해보며 자바에서 코틀린으로 전환했을시 바뀌는 전체적인 모습에 대해 확인해볼 수 있습니다.

또한 Realm 데이터베이스과 이를 코틀린을 이용해 사용하는 방법을 알아봅니다. Realm 데이터베이스의 경우는 따로 미니 어플리케이션을 만들어보며 CRUD를 익힙니다.

그리고 코틀린으로 안드로이드를 개발할 때 편하게 개발할 수 있도록 도와주는 DSL 라이브러리인 Anko 를 사용하여 레이아웃과 기존 코드를 개선해봄으로써 보다 세련된 안드로이드 개발에 대해 알아갈 수 있도록 합니다.

목 차

 Kotlin Start / 008

 Kotlin 문법 / 022

PART
1
—

KOTLIN*
START

코틀린에 대한 소개, 설치방법, 프로젝트 생성방법을 알아보고 간단한 예제를 만들어봅시다.
또한 코틀린을 공부하는데에 유용한 사이트들을 알아봅시다.

01 코틀린이란?

코틀린은 2011년 발표된 JVM(Java Virtual Machine) 언어이다. 2016년 정식버전이 발표되었으며 2017년 샌프란시스코의 GoogleIO 행사에서 안드로이드 공식지원언어로 채택되었다. 이 언어를 개발한 곳은 여러분에게도 친숙한 Android Studio의 엔진을 개발한 Jetbrains사이다. Jetbrains는 여러분께도 친숙한 IntelliJ, Pycharm 등의 IDE, 협업 툴, 언어 등 여러 개발도구를 개발하는 회사이다.

코틀린의 문법은 자바 개발자들이 보면 익숙한 문법이지만, 매우 간결하다. 이 간결하고 세련된 문법은 Swift의 문법에도 큰 영향을 끼친 것으로 알려져있다.

공식 홈페이지를 보면 코틀린을 사용해야 하는 이유는 다음과 같다.

1. 문법이 간결하다
2. NullPointerException으로부터 안전하다.
3. 기존 라이브러리와의 상호운용성이 좋다.

말 그대로 문법이 세련됐다. 코틀린을 사용하면 자바에 비해 짧고 직관적으로 코드를 작성할 수 있다.
또한 코틀린의 문법과 다양한 Null값 체크 구문을 통해 NullPointerException에서 벗어날 수 있다.

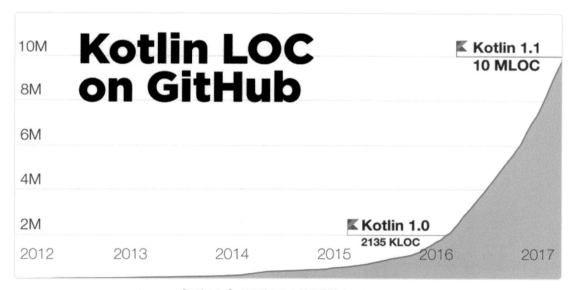

[그림 1.1.1] 연도별 Github의 코틀린 Line Of Code

그리고 JVM언어이기에 기존의 모든 자바 라이브러리들과 호환된다. 즉 기존에 있던 자바의 모든 기능을 사용할 수 있다. 거기에다가 자바 코드와 공존할 수도 있기 때문에 호환성이 매우 높다.

코틀린은 자바뿐만이 아니라 1.1 버전부터 자바스크립트 환경도 정식으로 지원한다. 즉 React, Angular 등의 프론트엔드 어플리케이션도 코틀린을 이용하여 개발할 수 있다는 뜻이다.

공식블로그에 따르면 이미 Spring은 5.0버전부터, vert.x는 3.4버전부터 코틀린을 지원한다 밝혔고, [그림 1.1.1]에서 보다시피 Github의 코틀린 소스코드는 정식버전 릴리즈를 기점으로 큰 폭으로 증가하고 있다.

넷플릭스, 핀터레스트 등 여러 유명 기업도 코틀린을 사용하고 있으며 국내에서도 꽤 많은 기업들이 코틀린을 도입하여 개발하고 있다.

아직 국내에 많이 알려지진 않았지만, 위와 같은 사례처럼 코틀린은 풀스택언어로서 입지를 빠르게 넓혀가고 있으며 빠른 시일 내에 안드로이드에서 자바의 위치를 위협할 것으로 보인다.

02 JVM 언어란?

JVM은 Java Virtual Machine의 약자이다. JVM은 자바 코드를 컴파일할 때에는 javac 명령어를 이용한다. 이 명령어는 인간이 읽을 수 있는 자바 문법을 JVM의 규격에 맞는 바이트코드로 변환하고 그 결과를 .class 파일로 저장한다. JVM은 이 파일을 읽고 바이트코드를 실행하여 컴퓨터에게 일을 시킨다. 이러한 Java Vitual Machine 위에서 구동될 수 있도록 바이트코드를 생성하는 언어를 JVM언어라고 한다. JVM언어는 코틀린을 비롯하여 스칼라, 그루비 등이 있다.

자바가 javac 명령어로 자바의 문법을 .class 파일로 변환하듯이 코틀린은 kotlinc 명령어로 코틀린의 문법을 바이트 코드로 변환할 수 있다. 다만 코틀린은 .class 파일을 생성하는 것이 아니라 jar파일로 패키징된다. 왜냐하면 코틀린 문법을 컴파일한 프로그램을 실행하려면 코틀린 런타임 라이브러리가 필요하기 때문이다. 실제로 kotlinc 명령어를 이용해 코틀린 문법을 컴파일한 jar파일을 풀어보면 [그림 1.2.1]과 같이 런타임 라이브러리가 포함되어있는 것을 확인할 수 있다.

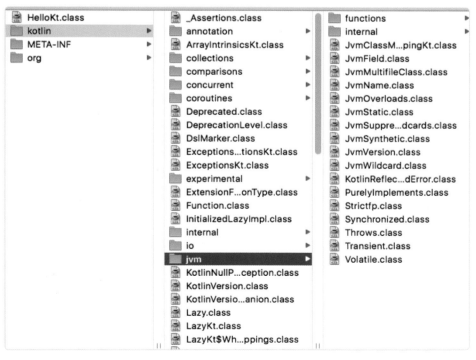

[그림 1.2.1] hello.kt를 컴파일했을 때 포함되는 파일들

03 JDK 설치

먼저 코틀린을 사용하기에 앞서 코틀린은 JVM(Java Virtual Machine)언어이므로 JDK를 설치해야한다. JDK 는 아래의 주소에서 설치할 수 있다. 이미 JDK가 설치되어 있다면 이 장을 건너뛰어도 좋다.

http://www.oracle.com/technetwork/java/javase/downloads/index.html

위의 주소에 접속하면 [그림 1.3.1]과 같은 화면이 나타난다. 옆에 보이는 네모칸의 "Java Plaf orm (JDK) 8u131"을 클릭한다.

[그림 1.3.1]

그러면 [그림 1.3.2]의 화면이 나타난다. JDK를 다운 받으려면 오라클의 라이센스 정책에 동의해야한다. 1번에 표시된대로 라이센스 동의에 체크하고 본인의 OS에 맞는 설치파일을 다운로드한다. 필자는 윈도우 10 즉 윈도우 64비트 환경에서 진행하기 때문에 최하 단의 Windows x64를 선택했다.

[그림 1.3.2]

다운로드가 완료되고 설치파일을 실행시키면 [그림 1.3.3]과 같은 화면이 나타난다.

각자의 상황에 맞게 설정하고 쭉 Next를 눌러 설치하면 된다.

[그림 1.3.3]

JDK 설치가 완료되었다. 하지만 커맨드라인에서 컴파일러를 실행하려면 환경변수 설정을 해줘야한다.

환경변수를 설정하려면 [내 PC 오른쪽클릭 > 속성 > 고급시스템설정 > 환경변수]로 들어간다. 그 후 [그림 1.3.4]처럼 시스템변수에서 새로 만들기를 클릭한다.

[그림 1.3.5]처럼 변수이름을 JAVA_HOME으로 주고, 변수 값을 JDK가 설치된 디렉토리로 설정한다.

[그림 1.3.5]

[그림 1.3.4]

그 후 path변수를 수정해줘야 한다. 그림 [1.3.4]의 환경변수창으로 돌아가 시스템변수의 Path 변수를 찾아 더블클릭해주면 수정할 수 있는 창이 뜬다.

그리고 [그림 1.3.6]처럼 새로 만들기를 누르고, 값을 %JAVA_HOME%\bin으로 설정한다.

여기서 %JAVA_HOME%은 우리가 방금 전에 만든 JAVA_HOME변수를 가져오라는 뜻이다. 이렇게 설정하면 JDK가 설치된 경로\bin 폴더를 넣는 것과 같다.

[그림 1.3.6]

윈도우10 이전 버전을 사용한다면 [그림 1.3.7]과 같이 텍스트로 편집하는 창이 나올 것이다. 그렇다면 변수값의 끝에 ;%JAVA_HOME%\bin; 문자열을 추가해주면 된다.

환경변수 설정이 끝났다. 설정된 내용을 확인하려면 CMD창에 javac를 입력해본다.

[그림 1.3.7]처럼 명령어 실행결과가 뜬다면 성공적으로 설정된 것이다.

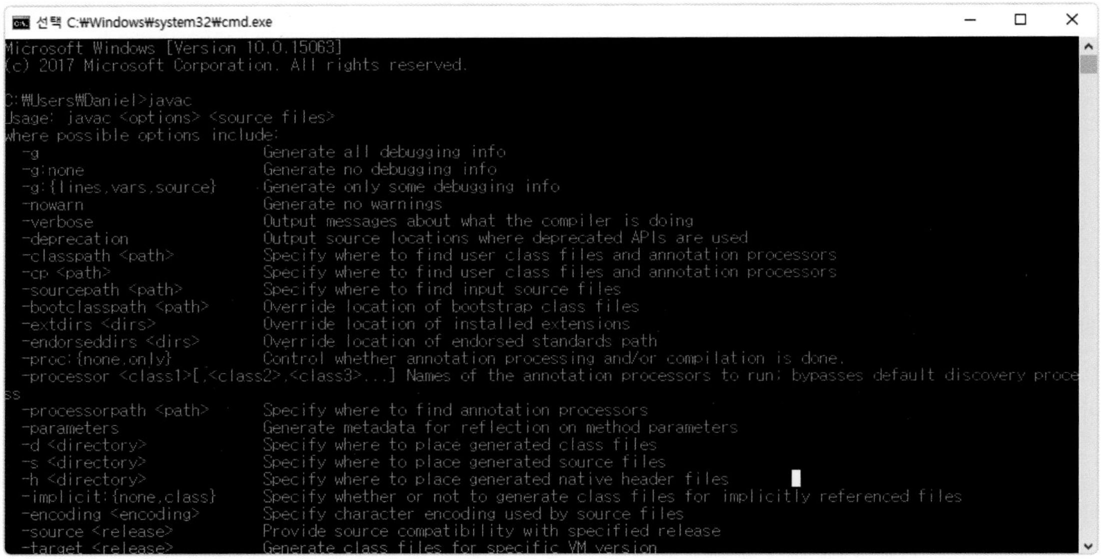

[그림 1.3.7]

04 IntelliJ IDE 설치

IntelliJ IDE는 자바, 코틀린, 그루비, 스칼라 같은 JVM에서 동작하는 언어를 개발할 수 있는 IDE이다. 무료버전과 유료버전이 있으며, 무료버전에서는 일반적인 언어의 기능, 협업, 빌드 기능을 제공한다. 유료로 업그레이드 한다면 코드의 중복을 확인해주거나, Spring 등의 프레임워크 플러그인을 제공해주는 등 편리한 기능을 제공한다.

우리는 이번 장에서 코틀린의 문법만을 사용할 것이므로 무료버전을 사용할 것이다.

IntelliJ IDEA는 아래의 URL에서 다운받을 수 있다.

http://www.jetbrains.com/idea/download

위의 URL로 접속하면 [그림 1.4.1]과 같은 화면이 뜬다.

사진에 표시된 DOWNLOAD 버튼을 클릭하면 다운로드가 시작된다.

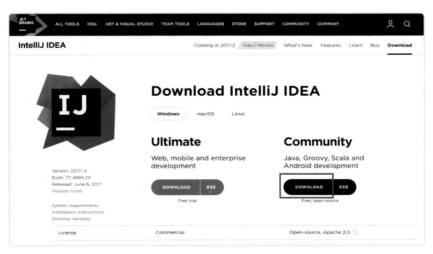

[그림 1.4.1]

다운로드가 완료된 후 설치파일을 실행하면 [그림 1.4.2]와 같은 화면이 뜬다.

쭉 Next를 누르다 보면 [그림 1.4.3]과 같이 32bit, 64bit와 사용할 언어를 선택한다. 필자는 64bit운영체제를 사용하고, 자바와 코틀린을 비교하며 개발할 것이므로 자바와 코틀린에 체크하고 설치하였다.

[그림 1.4.2]

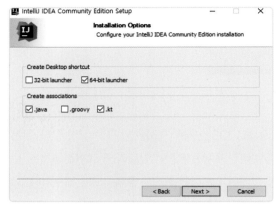

[그림 1.4.3]

설치를 완료하고, 실행해보면 [그림 1.4.4]와 같은 화면이 뜬다. 이 화면은 "혹시 이전 버전을 사용했으면 그 버전에서 사용했던 설정을 가져올 것이냐" 물어보는 창이다. 우리는 첫 설치이므로 맨 아래의 "Do not import settins"를 체크하고 OK를 눌러주자.

그 후 약관에 동의하는 창에서 Accept를 누르면 UI의 테마를 선택하는 화면 [그림 1.4.5]이 나온다. 본인의 취향에 맞게 선택하자.

테마를 선택한 후 우리는 전체 기본설정을 사용할 것이기에 [그림 1.4.5]의 맨 하단 왼쪽의 Skip All and Set Defaults를 선택한다. 그러면 IntelliJ IDEA IDE가 실행된다.

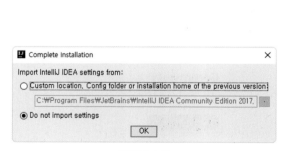

[그림 1.4.4]

[그림 1.4.5]

05 프로젝트 생성

Hello World를 출력해보기 위해 프로젝트를 생성해보자. IntelliJ를 실행하면 나오는 초기화면에서 "Create New Project"를 선택한다. 그럼 [그림 1.5.1]과 같이 사용할 언어를 선택하는 창이 나올 것이다. 좌측에서 우리가 사용할 코틀린을 선택한다. 코틀린은 현재 JVM환경과 Javascript에서 사용할 수 있다. 우리는 JVM 환경에서 사용할 것이므로 Kotlin(JVM)을 선택하고 Next를 누른다.

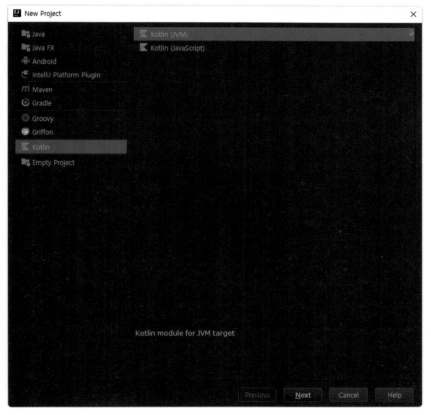

[그림 1.5.1]

그러면 [그림 1.5.2]과 같은 화면이 나온다. 이 화면에서는 프로젝트명 등의 프로젝트 환경을 설정하는 창이다. 프로젝트명을 HelloWorldExam으로 설정한다.

그리고 세 번째 칸을 보면 <No SDK>라고 표시되는 창이 보인다. 이 창은 코틀린 프로그램을 실행하는데에 필요한 JDK를 선택하는 곳이다. 오른쪽의 New..를 클릭하여 [그림 1.5.3]처럼 우리가 설치한 JDK의 경로를 설정해주자. 그리고 Finish를 클릭하면 우리가 익숙한 IDE의 모습이 나타난다. IDE를 실행할 때마다 짧은 팁이 나타나는데 IntelliJ에 익숙하지 않은 사용자라면 유용한 정보를 얻을 수 있다.

[그림 1.5.2]

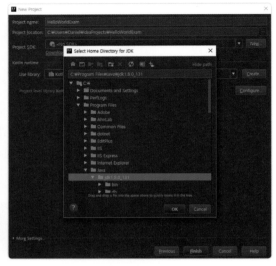

[그림 1.5.3]

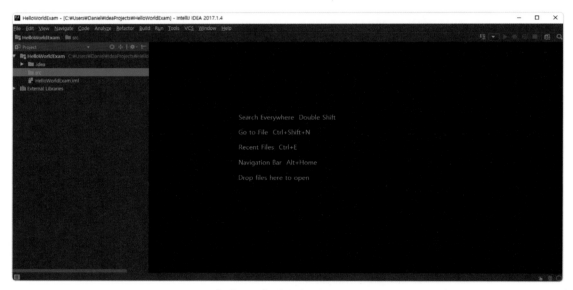

[그림 1.5.4] 생성 완료된 프로젝트

06 Hello World 출력

프로젝트를 생성했으니 모든 언어의 튜토리얼 Hello World를 출력해보도록 하겠다.

프로젝트 화면 왼쪽의 src 디렉토리를 오른쪽 클릭하여 [New > Kotlin File/Class]를 클릭한다. 그 후 [그림 1.6.2]처럼 파일명에 HelloWorld.kt를 입력하고, Kind에는 우리는 단순히 출력 함수만을 만들 것이므로 Class 가 아닌 File로 해준다. 코틀린의 작명규칙은 자바처럼 카멜케이스를 사용한다.

[그림 1.6.1]

[그림 1.6.2]

그럼 코틀린 파일이 생성된다. 그 후 소스창에 아래와 같이 입력한다.

```
fun main(args: Array<String>) {
    println("Hello World!")
}
```

[코드 1.6.3] 코틀린의 Hello World

이를 실행해보면 Hello World! 가 출력된다. 이를 자바의 Hello World와 비교해보겠다.

첫 번째 차이점은 클래스가 없다. 자바는 메소드를 사용하려면 클래스의 선언이 필수적이였다. 하지만 코틀린에서 함수를 선언할 때는 굳이 클래스를 선언해주지 않아도 된다.

두 번째 차이점은 함수 인자의 형태다. 자바에서 메인 메소드의 인자는 (String[] args) 이다. 공통점은 눈대중으로 보면 둘 다 String의 배열을 인자의 형태로 받는다. 다만 문법에서 코틀린에서의 배열은 Array라는 클래스에 배열로 선언할 타입을 제너릭 타입으로 받는다. 또한 자바에서는 타입을 먼저 정의하고 변수명을 뒤에 쓰는 반면에 코틀린에서는 변수명을 먼저 쓰고, 그 뒤에 변수명에 대한 타입을 정의한다.

세 번째 차이점은 출력함수가 간결해졌다는 점이다. 자바에서는 System.out.println 메소드로 출력을 했었는데, 자바를 사용할 때 늘 느낀 거지만 너무 길어서 쓰기가 불편했다는 이슈가 존재했다. 오죽하면 이클립스에는 이를 해결해주기 위해 sysout이라는 줄임말 자동완성도 존재했다. 하지만 코틀린에서는 보다시피 매우 간결하게 출력함수를 사용할 수 있다. println의 의미는 독자 여러분도 알다시피 "Print Line"이라는 뜻으로 인자로 넘겨진 문자열을 출력한 후 개행하겠다는 뜻이다. 그러므로 개행을 하지 않고 문자열만 출력하려면 [코드 1.6.3]의 코드에서 println을 print로만 바꿔주면 된다.

07 공부에 도움이 되는 사이트

코틀린 튜토리얼 사이트 / https://try.kotlinlang.org

코틀린은 공식 웹사이트에서 온라인 튜토리얼을 제공하고 있다. JVM환경은 물론이고 자바스크립트 환경에 JUnit 환경까지 제공한다. 각 항목별로 튜토리얼을 제공하고, 컴파일하여 실행한 결과까지 보여주기 때문에 이 책과 병행한다면 큰 도움이 될 것이다. 접속하자마자 Hello World 튜토리얼을 볼 수 있다.

Kotlin Korea / https://www.facebook.com/groups/kotlinkr

국내 코틀린 사용자들이 모여있는 페이스북 그룹이며 글도 자주 올라오고 활성화가 잘 되있는 커뮤니티이다.

Realm Academy / https://academy.realm.io/kr

Realm 데이터베이스의 기술 블로그이다. 코틀린과 안드로이드에 대한 여러 전문적인 컨텐츠가 많이 올라온다.

9XD Developers / https://www.facebook.com/groups/9xdevelopers/

사회초년생 안드로이드 개발자들의 모임이다. 코틀린에 대한 지식을 가진 사람도 종종 있기도 하고 안드로이드 개발자 그룹이기에 안드로이드에 대해 질문하기 좋은 곳이다.

코틀린 개발 팁! / https://open.kakao.com/o/gs8uk2v

카카오톡 오픈 채팅방이며 고수들도 많이 모여 있다. 코틀린에 대한 얘기부터 아키텍처에 대한 얘기까지 여러 주제에 대해 얘기해보고 배울 수 있는 곳이다.

PART
2
—

KOTLIN*
문법

코틀린의 문법들을 예제소스를 통해 알아봅니다. KOTLIN의 문법과 KOTLIN API장에서 나오는 예제 소스는
저자의 깃허브 저장소에서 볼 수 있습니다. 주소는 아래와 같습니다.

http://github.com/JSDanielPark/kotlinbook_grammer_exam

01 주석

Kotlin 문법과 Kotlin API장에서 나오는 예제 소스는 저자의 깃허브 저장소에서 볼 수 있다. 주소는 아래와 같다.
https://github.com/JSDanielPark/kotlinbook_grammer_exam

자바를 알고 있는 독자라면 주석에 대한 설명은 넘어가도 좋다. 다만 코틀린의 다중행 주석은 자바와 다르게 중복이 된다는 점은 알고 넘어가길 바란다. 이 절의 마지막에 중복에 대한 차이를 다룬다.

주석이란 컴파일에 포함되지 않는 설명문이라고 짧게 설명할 수 있다.

주석으로 선언된 문장은 컴파일 작업에 들어가지 않기 때문에 코드에 대한 설명을 쓸 때 사용된다.

주석은 단일행 주석과 다중행 주석으로 구분된다.

단일행 주석은 딱 한 줄에 설명을 달 때 사용되고, 다중행 주석은 여러 행에 걸쳐 설명을 달 때 사용된다. 하지만 이 두 가지는 선언방법만 다르고 기능에 차이는 없다.

두 가지 주석은 아래와 같이 표현한다.

```kotlin
// 단일 행 주석
/*
    다중 행 주석
 */
fun main(args: Array<String>) {
    print("Hello World")
}
```

[코드 2.1.1]

main 메소드 위의 두 가지 주석은 이 프로그램의 실행결과에 영향을 끼치지 않는다.

이렇게만 보자면 자바의 주석과 100% 똑같다고 볼 수 있다. 하지만 자바와 다른 점은 코틀린은 다중행 주석의 중복이 가능하다는 점이다. 코드로 설명하자면 아래의 코드에서 자바의 경우는 [그림 2.1.1]에서 보다시피 빨간 줄이 그어지며 컴파일 에러가 발생한다. 자바 컴파일러의 특성상 /* 이후에 최초로 나오는 */를 무조건 주석의 끝으로 인식하기 때문이다.

하지만 코틀린의 경우 [코드 2.1.2]에서처럼 주석의 중복이 가능하다.

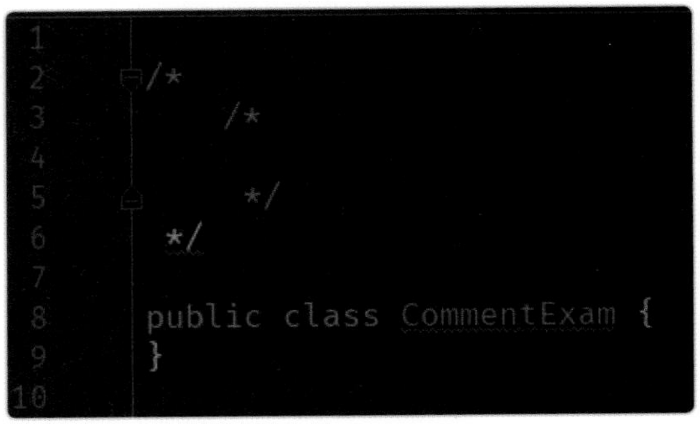

[그림 2.1.1] 자바의 중복 주석

```
/*
    /*
        주석의 중복이 된다!
    */
*/
```

[코드 2.1.2] 코틀린에서의 중복 주석

변수

코틀린의 변수 선언은 매우 간편하다. 코틀린은 변수의 타입을 유추하여 자동으로 자료형을 부여하는 동적 타입캐스팅을 지원한다. 변수 선언은 아래와 같이 var이라는 키워드를 사용한다.

```
var num = 10
```

num이라는 변수에는 컴파일러가 자동으로 타입을 유추하여 int라는 자료형을 부여한다.

다만 명시적으로 변수형을 선언해줘야할 때가 있다. 그럴때는 아래와 같이 임의로 변수형을 명시해줄 수 있다.

```
var num:Int = 10
```

또한 [코드 2.2.1]처럼 변수를 정의해두고, 나중에 값을 초기화해주는 것도 가능하다.

다만 이는 변수의 자료형을 명시해줬을 때에만 가능하다. [코드 2.2.2]처럼 자료형을 명시해주지 않고 초기화를 미룬다면 컴파일 에러가 발생한다.

```
var num:Int
num = 10
```

[코드 2.2.1]

```
var num
num = 10
```

[코드 2.2.2] 잘못된 변수 초기화

그리고 상수를 선언할 때는 val이라는 키워드를 사용한다. 선언하는 방법은 변수와 동일하다. 상수 또한 자료형을 명시해줬을 때에는 초기화를 미룰 수 있다.

```
val num:Int
num = 10
```

[코드 2.2.3] 상수의 선언

아래의 [코드 2.2.4]는 변수와 상수 선언에 대한 전체 예제이다. 이 코드의 실행결과는 [그림 2.2.5]과 같다.

```
fun main(args:Array<String>) {
    // 변수 선언
    var num1 = 1
    var num2:Int = 2

    // 선언 후 초기화
    // var num3   // 컴파일 에러
    var num4:Int
    num4 = 3

    // 상수 선언
    val str:String = "Hello World!"
    // str = "ABCD" // 컴파일 에러

    println(num1)
    println(num2)
    println(num4)
    println(str)
}
```

[코드 2.2.4] 변수와 상수 선언

```
Run   chapter2_2_2VariableExamKt
        "C:\Program Files\Java\jdk1.8.0_131\bin\java" ...
        1
        2
        3
        Hello World!

        Process finished with exit code 0
```

[그림 2.2.5]

03 자료형

자료형

코틀린의 자료형은 자바와 동일하다. 자료형을 표로 나타내자면 아래와 같다. 정렬은 크기의 내림차순으로 정렬하였다.

정수	실수	문자	논리
Long(64)	Double(64)	Char	Boolean
Int(32)	Float(32)	-	-
Short(16)	-	-	-
Byte(8)	-	-	-

[표 2.3.1] 코틀린의 자료형

형 변환

* 기본 자료형의 형 변환

코틀린의 자료형은 기본적으로 레퍼런스 자료형이다. 자바에서 레퍼런스 자료형은 클래스화되어 있고, 작명도 카멜케이스에 따라 첫 글자가 대문자였다. 코틀린에서 자료형의 첫 글자가 대문자인 것에서도 기본 자료형이 레퍼런스 타입이라는 것을 유추할 수 있다. 그래서 기본 자료형으로 선언했을 경우에도 [그림 2.3.1]에서 볼 수 있듯이 메소드를 사용할 수 있다. 그래서인지 기본 자료형끼리의 형변환은 [코드 2.3.1]과 같이 메소드로 할 수 있다.

```
fun main(args: Array<String>) {

    var intNum:Int = 10
    intNum.
        or(other: Int)                      Int
        plus(other: Int)                    Int
        plus(other: Byte)                   Int
        plus(other: Long)                   Long
        plus(other: Float)                  Float
        plus(other: Short)                  Int
        plus(other: Double)                 Double
        rangeTo(other: Int)                 IntRange
        rangeTo(other: Byte)                IntRange
        rangeTo(other: Long)                LongRange
        rangeTo(other: Short)               IntRange
Ctrl+Down and Ctrl+Up will move caret down and up in the editor
```

[그림 2.3.1] 기본 자료형에 지원되는 메소드들

```
var intNum:Int = 10
var longNum:Long = intNum.toLong()
var shortNum:Short = intNum.toShort()
```

[코드 2.3.1] 타입 캐스팅

* 문자열의 숫자 변환

자바에서는 문자열을 숫자로 변환할 때 각 자료형
별로 parse 메소드를 사용해야했다. 이 또한 너무
소스의 길이가 길었고, 불편했기에 개선의 여지가
있었다.

```
var str = "10"
var number:Int = str.toInt()
println(number)
```

[코드 2.3.2] 문자열의 형 변환

코틀린에서는 이를 위에 나온 형 변환 메소드로 매우 간략하게 줄여버렸다.

하지만 숫자가 아닌 문자열을 형 변환할 순 없다. 자바와 똑같이 잘못된 문자열을 형 변환한다면 NumberForm
atException이 발생한다. NumberFormatException은 RuntimeException을 상속받기 때문에 명시적인
예외처리를 해주지 않아도 되지만, 문자열의 형태가 숫자임이 보장되지 않는 이상 명시적인 예외처리를
해주어야 한다.

[그림 2.3.2]는 [코드 2.3.3]의 실행결과이다. str에 만약 숫자로 변환될 수 없는 문자열이 있었다면 number에는
0이 들어가서 0이 출력됐을 것이다.

```
var str = "10"
var number:Int = try {
    str.toInt()
} catch(nfe:NumberFormatException) {
    0
}
println(number)
```

[코드 2.3.3] 형 변환의 예외처리

```
Run   chapter2._2_3_TypeCastingExamKt
      "C:\Program Files\Java\jdk1.8.0_131\bin\java" ...
      10

      Process finished with exit code 0
```

[그림 2.3.2]

* 타입 검사

자료형 혹은 객체의 타입을 확인하기 위해서는 is 키워드를 사용한다. 자바에서는 instanceof 키워드를 사용하지만 is가 더욱 직관적이다.

아래의 [코드 2.3.4] 예제에서는 str은 모든 타입을 받을 수 있도록 선언했지만 내용물이 String이므로 [그림 2.3.4]와 같이 "str은 문자열입니다."가 출력된다.

```kotlin
fun main(args: Array<String>) {
    val str:Any = "문자열"

    if(str is String) {
        println("str은 문자열입니다.")
    } else if(str is Int) {
        println("str은 정수입니다.")
    } else {
        println("str은 무슨 타입인지 모르겠습니다.")
    }
}
```

[코드 2.3.4] 문자열 선언

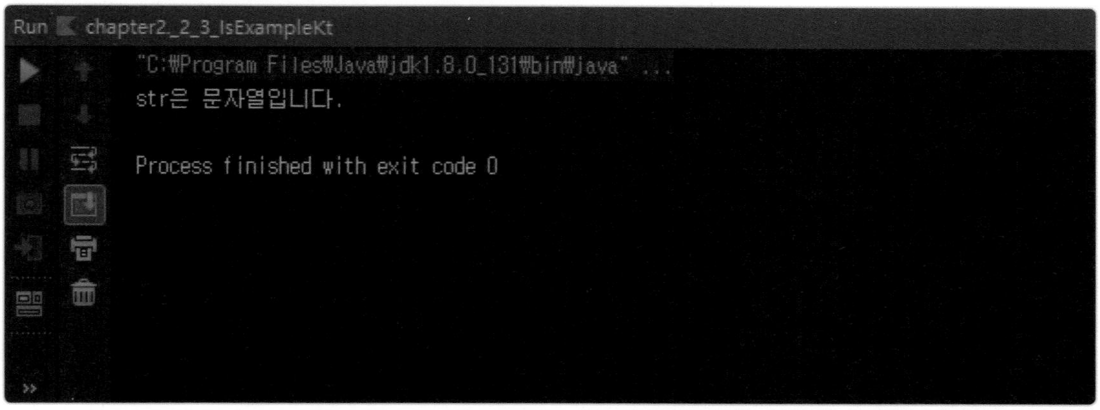

```
Run    chapter2_2_3_IsExampleKt
        "C:\Program Files\Java\jdk1.8.0_131\bin\java" ...
        str은 문자열입니다.

        Process finished with exit code 0
```

[그림 2.3.4]

문자열

코틀린에서 문자열을 표현하는 방법은 기본적으로 자바와 같다. 하지만 파이썬처럼 여러 라인 문자열을 선언할 수도 있다. [코드 2.3.5]를 보면 선언하는 법을 볼 수 있다.

여러 줄로 문자열을 선언할 때 미관 등의 이유로 개행, 들여쓰기 등의 불필요한 공백이 들어갈 수 있다. 그럴 땐 예제처럼 trimMargin 메소드를 사용하면 이러한 문자열 위, 아래의 공백을 없앨 수 있다.

또한 예제처럼 라인별 문자열의 시작점에 파이프(|)를 붙여주면 왼쪽의 들여쓰기 또한 없앨 수 있다.

```kotlin
fun main(args: Array<String>) {
    var oneLineStr = "한줄 문자열선언"

    var multiLineStr = """
    |여러 줄 문자열 선언
    |두줄
    |세줄
    """

    println(oneLineStr)
    println(multiLineStr.trimMargin())
}
```

[코드 2.3.5] 문자열 선언

```
Run   StringExamKt
    "C:\Program Files\Java\jdk1.8.0_131\bin\java" ...
    한줄 문자열 선언
    여러 줄 문자열 선언
    두줄
    세줄
    Process finished with exit code 0
```

[그림 2.3.5] 코드 2.3.4의 실행결과

코틀린의 문자열은 기본적으로 Char의 배열처럼 취급할 수 있다. 즉 배열처럼 인덱스로 한 글자씩 접근할 수 있다. 배열처럼 취급되므로 for-each문으로 한 글자씩 추출할 수도 있다.

```kotlin
fun main(args: Array<String>) {
    var str = "abcdefg"

    println(str[0]) // a가 출력된다.

    for(c in str) {
        println(c) // 각 요소가 하나씩 출력된다.
    }
}
```

[코드 2.3.6] 문자열의 요소 추출

자바를 사용해본 사람이라면 문자열을 조립할 때 String에 +연산을 하거나, StringBuilder, StringBuffer 클래스를 사용했을 것이다. 코틀린에서는 문자열 템플릿 기능을 제공하기 때문에 이런 번거로운 작업을 할 필요가 없다.

템플릿은 문자열 안에 "$변수명" 혹은 "${변수명}"으로 사용할 수 있다. 중괄호를 사용한다면 변수의 메소드까지도 호출할 수 있다. 또한 중괄호 없이 문자열 템플릿 기능을 사용할 경우 반드시 공백으로 변수를 구분해주어야한다.

[코드 2.3.7]을 보면 이름을 출력할 때 $myName의 양쪽에 공백을 넣는 이유가 그것이다.

또한 글자수를 출력할 때를 보면 String의 메소드인 length를 호출하는 것을 볼 수 있다.

```kotlin
fun main(args: Array<String>) {
    val myName = "박중수"
    val introduce = "제 이름은 $myName 입니다."
    val nameLength = "제 이름은 ${myName.length}글자 입니다."

    println(introduce)
    println(nameLength)
}
```

[코드 2.3.7] 문자열 템플릿

Null값 처리

앞에서 코틀린의 자료형은 기본적으로 레퍼런스 타입이라고 했었다. 레퍼런스 타입이면 Null값을 가질 수도 있을 것이다. 하지만 코틀린에서는 자료형이 레퍼런스 타입이라도 기본적으로 Null값을 가질 수 없다. Null값을 갖게 하려면 자료형 이름 뒤에 ?를 붙여줘야한다. ?의 의미는 이 자료형에는 Null값이 들어있을지도 모른다라는 명시이다.

즉 ?가 붙지 않은 자료형은 Null 값이 절대 들어있지 않다는 것을 보장한다.

```kotlin
var str1:String = null // 컴파일 에러가 발생한다.

var str2:String? = null // 컴파일 에러가 발생하지 않는다.
```

[코드 2.3.8] 변수를 null값으로 초기화

또한 코틀린에서는 Null값일 경우의 처리를 물음표를 통해 매우 간편하게 할 수 있다.

아래의 [코드 2.3.9]은 디렉토리에 있는 파일의 목록을 가져와 파일의 개수를 출력하는 코드이다. 존재하지 않는 디렉토리에서 파일의 목록을 요청하면 Null이 리턴된다. 그래서 files 변수는 잠재적으로 Null값을 가질 수 있는 변수이다. 그래서 이러한 변수의 속성을 호출할 때에는 ?를 통해 Null 검사를 한다. 변수명 뒤에 물음표를 달았을 경우 이 변수가 Null인지 검사하고, Null이라면 실행하지 않는다.

아래의 코드에서 없는 디렉토리의 목록을 가져왔을 때 files 변수에는 null이 들어간다. 그리고 println 함수로 출력할 때 files?.size로 호출했다. files가 null이기 때문에 .size는 호출되지 않고, files의 값인 null이 출력된다.

```kotlin
// 존재하는 디렉토리의 파일 목록을 가져온다.
var files = java.io.File("c:\\existDirectory").list()
println(files?.size) // 파일의 개수가 출력된다.

// 없는 디렉토리의 파일목록을 가져온다.
files = java.io.File("c:\\nothing").list() // null
println(files?.size) // null이 출력된다.
```

[코드 2.3.9]

04 패키지

코틀린의 패키지 개념은 자바와 동일하다. 작명 규칙 또한 도메인을 뒤집는 것도 똑같다. 혹시 패키지 작명 규칙에 생소한 독자를 위해 간단하게 설명하자면 개발자들 동아리의 도메인은 "devdogs.kr" 이다. 그렇다면 어떤 프로젝트를 할 때 패키지명은 "kr.devdogs.프로젝트명" 이렇게 작명하면 된다.

패키지 선언은 package 키워드를 통해 하며 사용방법은 [코드 2.4.1]과 같이 매우 간단하다. package 키워드로 패키지를 선언하면 끝이다.

```
package kr.devdogs.kotlinbook.chapter2
fun main(args:Array<String>) {
}
```

[코드 2.4.1] 패키지 선언

이전에도 설명했지만 코틀린은 기존 자바의 모든 라이브러리들을 사용할 수 있다. 기본 자바 API는 물론 스프링 등의 프레임워크까지 사용가능하다. import로 타 패키지의 클래스를 가져올 때의 문법도 자바와 동일하다. 하지만 코틀린에서는 파이썬 등의 언어처럼 "as" 키워드를 통해 import한 클래스에 별명을 붙이는 것이 가능하다.

```
package kr.devdogs.kotlinbook.chapter2

import java.util.Random as R

fun main(args:Array<String>) {
    val random = R()
    val randomNumber = random.nextInt()

    println("랜덤하게 뽑은 숫자는 ${randomNumber} 입니다.")
}
```

[코드 2.4.2] import 하면서 클래스에 별명붙이기

[코드 2.4.2]를 보면 간단한 예를 볼 수 있다. 자바API의 랜덤 클래스를 가져와 R이라는 별명을 붙여주었다. 이 별명은 클래스를 생성하거나 사용할 때 바로 사용할 수 있다. 메인 메소드의 R()은 Random의 객체를 생성하므로 Random()과 같은 의미이다.

이 코드의 출력은 [그림 2.4.1]과 같다. 랜덤하게 뽑힌 숫자가 템플릿에 들어가 출력되었다.

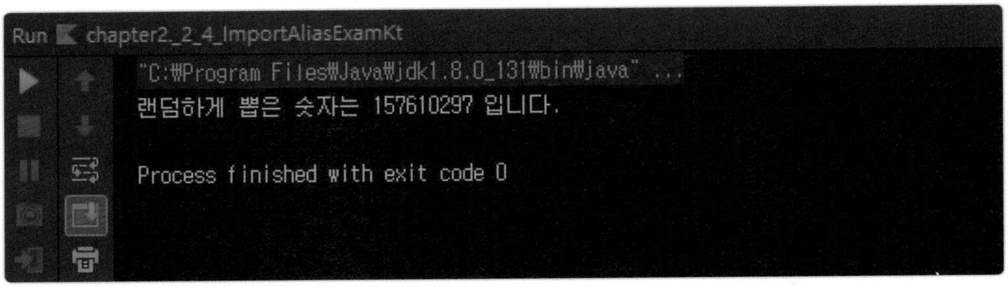

[그림 2.4.1]

import를 할 때 클래스 뿐만 아니라 함수까지도 import가 가능하다. [코드 2.4.3]을 보자. 사실 같은 패키지이기에 굳이 import를 쓰지 않아도 되지만 import가 가능하다는 것을 보여주기 위해 명시했다.

이 코드의 출력결과는 [그림 2.4.2]와 같다. 같은 파일내에 multiply함수가 있진 않지만 import를 통해 가져와 사용할 수 있도록 했다.

```kotlin
package chapter2

fun multiply(a:Int, b:Int):Int {
    return a*b
}
```

```kotlin
package chapter2

import chapter2.multiply

fun main(args:Array<String>) {
    println(multiply(10,20))
}
```

[코드 2.4.3] 함수 import

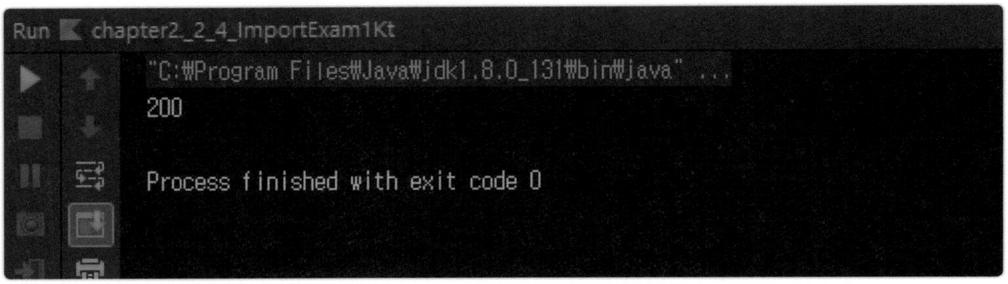

[그림 2.4.2]

05 배열

코틀린에서 배열은 객체로 취급된다는 것은 자바와 동일하지만 선언하는 방법은 다르다. 자바처럼 []를 사용하는 것이 아닌 Array클래스에 제너릭타입을 넣어 표현한다.

main 함수에서 봐서 익숙하겠지만 String의 배열은 Array<String> 으로 표현한다.

배열을 생성하는 방법은 여러 가지가 있지만 먼저 기본 값이 들어있는 배열을 생성할 때에는 arrayOf 메소드를 사용한다. 아래의 [코드 2.5.1]은 사이즈 4의 정수값이 들어있는 배열을 생성하는 예제이다.

이 코드의 출력결과는 [그림 2.5.1]과 같이 우리가 입력한 요소 그대로 0, 1, 2, 3이 들어있다고 출력된다.

```kotlin
import java.util.Arrays

fun main(args: Array<String>) {
    var arr:Array<Int> = arrayOf(0, 1, 2, 3)

    println(Arrays.toString(arr))
}
```

[코드 2.5.1] 기본적인 배열생성

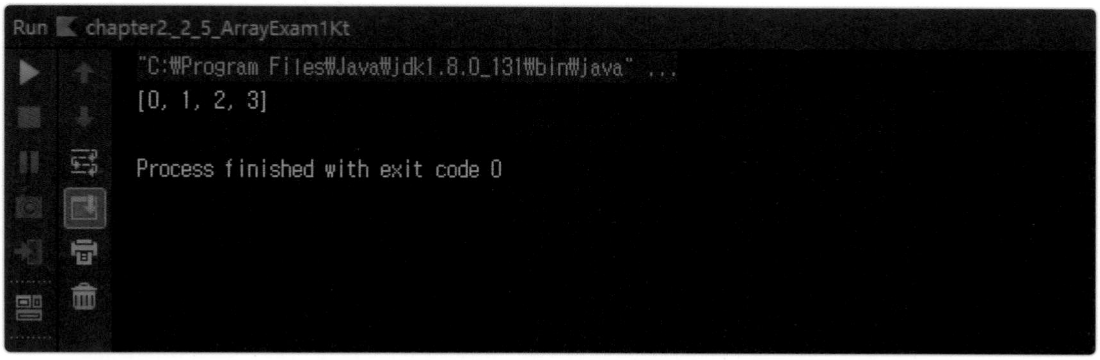

```
Run  chapter2_2_5_ArrayExam1Kt
      "C:\Program Files\Java\jdk1.8.0_131\bin\java" ...
      [0, 1, 2, 3]

      Process finished with exit code 0
```

[그림 2.5.1]

또한 기본 자료형들의 배열생성도 지원한다. [코드 2.5.2]를 통해 간단하게 알아보겠다.

```
var intArr = intArrayOf(1, 2, 3)
var doubleArr = doubleArrayOf(1.0, 2.0, 3.0)
var booleanArr = booleanArrayOf(true, false)
var charArr = charArrayOf('a', 'b', 'c')
```

[코드 2.5.2] 기본자료형 배열 선언

또한 크기와 값 생성함수를 인자로 받는 팩토리를 사용할 수도 있다.

[코드 2.5.3]에서는 이를 통해 배열을 생성하는 예제를 볼 수 있다. Array의 2번째 인자로 들어가는 문법은 람다라고 한다. 함수형 언어를 경험했거나, 자바8을 사용해본 독자는 아마 알고 있을 것이다. 람다에 대한 설명은 뒷장에서 설명하도록 하겠다.

간단히 설명하자면 Array의 첫 번째 인자는 배열의 사이즈이다. 5를 넘겼으므로 배열의 크기는 5이다. 두 번째 인자인 함수는 i를 매개변수로 받고, String형태인 i.toString()을 리턴하는 함수이다. i는 배열의 인덱스이고 리턴값은 그 인덱스의 값이 된다. 예제에서는 배열의 사이즈를 5로 정했기에 i에는 0부터 4까지의 숫자가 반복적으로 넘어온다. 또한 그 인덱스에는 인덱스를 문자열로 변환한 값이 저장된다.

Array에서는 두 번째 인자로 넘어온 함수의 리턴 값 타입을 유추하여 자동으로 배열의 제너릭타입을 결정한다. 저 함수의 리턴타입은 String이기에 arr 변수에 담기는 배열은 String배열이다.

```
import java.util.Arrays

fun main(args: Array<String>) {
    var arr = Array(5, { i -> i.toString() })

    println(arr is Array<String>)
    println(Arrays.toString(arr))
}
```

[코드 2.5.3] 팩토리로 배열생성

```
Run  chapter2_2_5_ArrayExam3Kt
     "C:\Program Files\Java\jdk1.8.0_131\bin\java" ...
     true
     [0, 1, 2, 3, 4]

     Process finished with exit code 0
```

[그림 2.5.2]

이는 첫 번째 출력문에서 확인해볼 수 있다. arr의 타입을 먼저 예상해보자면 Array의 두 번째 인자로 넘어간 함수는 String 타입을 리턴하므로 Array<String> 타입일 것이다.

첫 번째 출력문은 [그림 2.5.2]처럼 true를 출력한다. 그러므로 예상이 맞았음을 알 수 있다.

또한 두 번째 출력문에서는 각 인덱스를 넣었으므로 0부터 4까지의 숫자가 출력된다.

06 조건문

if-else

코틀린의 if문은 자바와 동일하다. 형태는 아래와 같다.

```
If(조건문) {
    // 코드
} else if(조건문) {
    // 코드
} else {
    // 코드
}
```

간단한 예제를 통해 보자면 아래와 같다. [코드 2.6.1]에서 num은 10이므로 else if문에 걸려 [그림 2.6.1]과
같이 "num은 10입니다."가 출력된다.

```
fun main(args: Array<String>) {
    var num:Int = 10

    if(num == 0) {
        println("num은 0입니다.")
    } else if(num == 10) {
        println("num은 10입니다.")
    } else {
        println("num은 0과 10이 아닙니다.")
    }
}
```

[코드 2.6.1] if문 예제

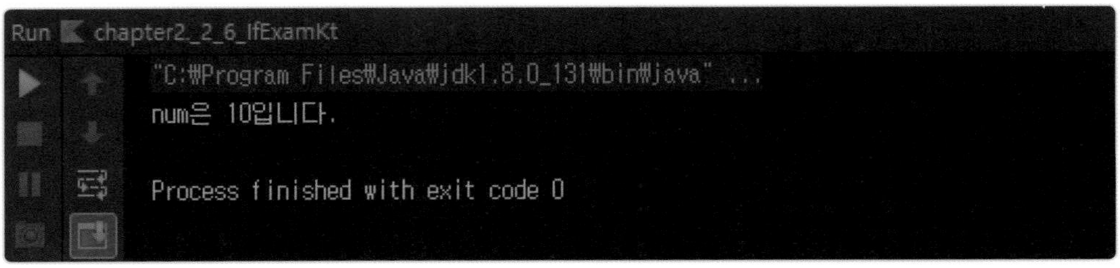

```
Run  chapter2_2_6_IfExamKt
    "C:\Program Files\Java\jdk1.8.0_131\bin\java" ...
    num은 10입니다.

    Process finished with exit code 0
```

[그림 2.6.1]

다만 자바와 다른 것은 코틀린은 삼항연산자가 없다. 하지만 if문을 삼항연산자처럼 값을 할당하는데에 사용할 수 있다는 것이다. 심지어 다른 동작을 진행하면서도 값을 할당할 수 있다.

[코드 2.6.2]에서 if문으로 값을 할당하는 예제를 볼 수 있다. 이 예제에서 if문을 살펴보면 print를 한 후 값을 할당한다. "println"의 다음 라인을 보면 할당할 변수명을 지정하지 않았는데도 자연스럽게 값이 c에 할당된다.

이 코드의 출력결과는 [그림 2.6.2]와 같이 else구문이 실행되어 c에는 "a는 b와 다른 값입니다."가 들어가게 되고 이가 출력된다.

또한 다른 if문과 마찬가지로 중괄호를 없애고 간소화시킬 수 있다.

[코드 2.6.3]에서 간소화된 if문을 확인해보자. 이렇게 간소화된 if문을 보면 삼항연산자와 얼핏 비슷하다.

이 코드의 출력값은 값이 다르므로 "다르다"가 출력된다.

```kotlin
fun main(args: Array<String>) {
    var a = 10
    var b = 20

    var c = if(a==b) {
        println("if문의 코드블럭 실행")
        "a와 b와 같은 값입니다."  // c에 값이 할당된다
    } else {
        println("else문의 코드블럭 실행")
        "a와 b와 다른 값입니다."  // c에 값이 할당된다
    }

    println(c)
}
```

[코드 2.6.2] if문으로 값 할당하기

```
Run   chapter2_2_6_IfVariableKt
"C:\Program Files\Java\jdk1.8.0_131\bin\java" ...
else문의 코드블럭 실행
a는 b와 다른 값입니다.

Process finished with exit code 0
```

[그림 2.6.2]

```kotlin
fun main(args: Array<String>) {
    var a = 10
    var b = 20

    var c = if(a==b) "같다." else "다르다."

    println(c)
}
```

[코드 2.6.3] 간소화된 if문의 값 할당

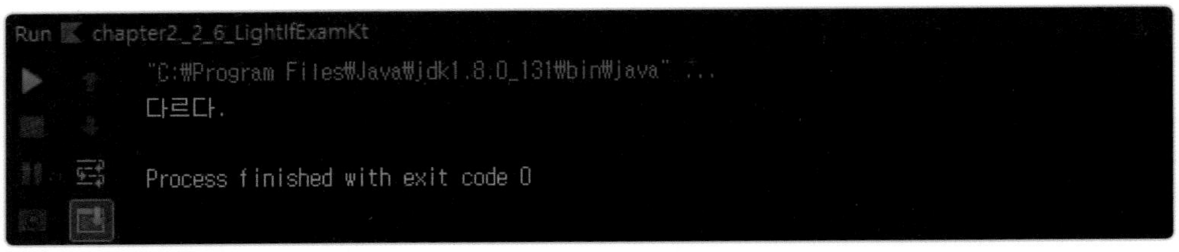
Run chapter2_2_6_LightIfExamKt
"C:₩Program Files₩Java₩jdk1.8.0_131₩bin₩java" ...
다르다.
Process finished with exit code 0

[그림 2.6.3]

When

when 문법은 자바의 switch-case와 대부분 유사하지만 더 간략해졌다. 기본적인 문법은 아래의 예제와 같다. case 키워드가 사라졌고 바로 값을 비교한다.

또한 콜론(:) 대신 ->를 사용하며 중괄호의 사용유무를 통해 한 줄과 여러 줄 코드의 구분을 더 명확히 나눌 수 있도록 했다. 또한 default 키워드 대신 else 키워드를 사용한다.

기본적인 when 문법의 예제는 [코드 2.6.4]와 같다. 이 코드의 출력결과는 [그림 2.6.4]처럼 num은 10이므로 "10 입니다"가 출력된다.

```kotlin
fun main(args: Array<String>) {
    var num:Int = 10

    when(num) {
        0 -> println("0 입니다")
        5 -> println("5 입니다")
        10 -> println("10 입니다")
        else -> {
            println("0, 5, 10에 속하지 않습니다.")
            println("이렇게 중괄호로 여러 라인을 쓸 수 있다.")
        }
    }
}
```

[코드 2.6.4] 기본적인 when 문법

[그림 2.6.4]

자바에서 한 가지 조건씩만 처리하기 위해서는 조건마다 break문을 남발해야했다. 이렇게 break문을 써야했던 이유는 여러 조건을 묶어서 처리할 수 있는 기능을 사용하기 위해서였다. 코틀린에서는 여러 값 비교, 범위 혹은 배열에 속하는지도 when문에서 사용할 수 있다. 아래 예제의 [코드 2.6.5]로 확인해보자.

예제의 출력결과로는 [코드 2.6.5]와 같이 "arr 배열에 속하지 않습니다"가 출력된다. 10은 배열인 [6, 7, 8, 9]의 요소 중 하나에도 속하지 않기 때문이다.

```kotlin
fun main(args: Array<String>) {
    var num:Int = 10
    var arr:IntArray = intArrayOf(6,7,8,9)

    when(num) {
        0,1  -> println("0 혹은 1 입니다")
        in 2..5 -> println("2와 5 사이의 수 입니다")
        in arr -> println("arr 배열에 속합니다")
        !in arr -> println("arr 배열에 속하지 않습니다")
    }
}
```

[코드 2.6.5] 여러 조건의 when 문법

Run chapter2_2_6_WhenMultiVariableExamKt

```
"C:\Program Files\Java\jdk1.8.0_131\bin\java" ...
arr 배열에 속하지 않습니다

Process finished with exit code 0
```

[그림 2.6.5]

또한 어떨 때는 인자의 타입을 모를 때도 있다. 그럴 때에 코틀린의 when 문법에서는 타입 검사에 자동 형변환도 지원해준다. [코드 2.6.6]를 보면 타입검사를 한 후 그에 맞는 메소드를 호출하는 것을 볼 수 있다. 타입이 맞다면 그 타입이 갖고있는 기능을 사용할 수 있도록 자동 형변환해주는 것이다.

[코드 2.6.6]의 출력결과는 [그림 2.6.6]과 같이 str이 String 타입이므로 "ABCDEFG"의 길이인 7이 출력된다.

```kotlin
fun main(args: Array<String>) {
    var unknownObject:Any = "ABCDEFG"

    when(unknownObject) {
        is TestClass -> println(unknownObject.print())
        is String -> println(unknownObject.length)
        is Int -> println(unknownObject.minus(10))
    }
}

class TestClass {
    fun print() {
        println("TestClass의 print메소드 실행")
    }
}
```

[코드 2.6.6] when의 타입 검사 및 형변환

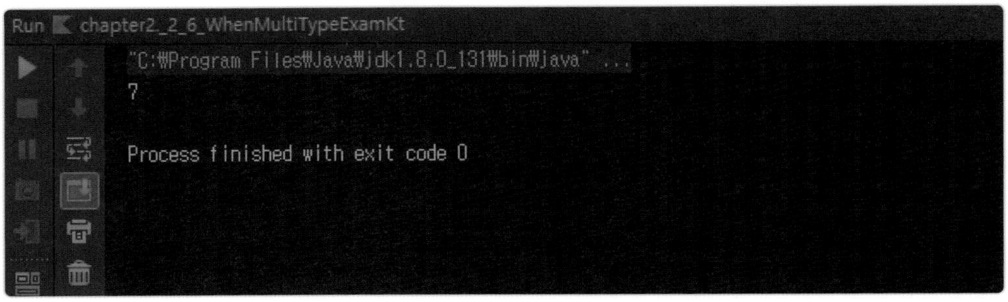

[그림 2.6.6]

마지막으로 when문은 그 자체로 함수가 될 수도 있다. 보통 무언가를 식별할 때 if로 검사하고 조건이 맞을 경우 해당 값을 리턴하는 경우가 많은데 when으로 이 함수를 더욱 간략하게 선언할 수 있다.

[코드 2.6.7]는 숫자로 자릿수를 찾아내는 함수를 when을 사용해 선언했다. 0~9 사이의 수는 한 자리 수, 10~99 사이의 수는 두 자리 수의 조건을 주어 문자열을 리턴하게 했다. 기존 if-return이 반복되는 함수구조보다 직관적이고 깔끔해진 것을 볼 수 있다.

[코드 2.6.7]의 출력결과는 [그림 2.6.7]과 같다. 인자로 넘겨진 50은 10..99의 범위에 들어가므로 "두 자리 수" 가 리턴된다.

```
fun main(args: Array<String>) {
    val num:Int = 50
    val digitStr = digit(num)

    println(digitStr)
}

fun digit(num:Int) = when(num) {
    in 0..9 -> "한 자리 수"
    in 10..99 -> "두 자리 수"
    in 100..999 -> "세 자리 수"
    else -> "Out of range"
}
```

[코드 2.6.7] when으로 함수 선언하기

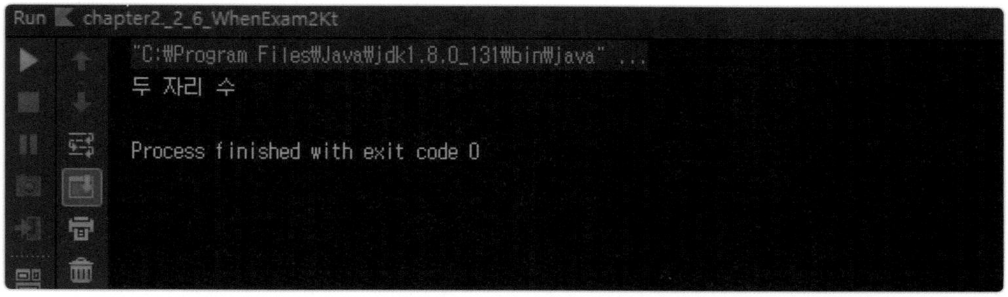

```
Run  chapter2_2_6_WhenExam2Kt
     "C:\Program Files\Java\jdk1.8.0_131\bin\java" ...
     두 자리 수

     Process finished with exit code 0
```

[그림 2.6.7]

07 반복문

for

코틀린의 for문은 기본적으로 for-each문이다. 자바처럼 숫자로 조건식, 증감식을 사용하는 것이 아니라, 데이터의 묶음에서 요소를 하나씩 가져와 사용하는 구조이다.

기본적인 for문 사용법은 아래의 [코드 2.7.1]과 같다. 이 출력결과는 [그림 2.7.1]과 같이 배열 arr에서 순서대로 요소를 꺼내와 출력하므로 “A”부터 “E”까지 출력하게 된다.

```
fun main(args: Array<String>) {
    var arr = arrayOf("A", "B", "C", "D", "E")

    for(item in arr) {
        println(item)
    }
}
```

[코드 2.7.1] for문의 기본적인 사용법

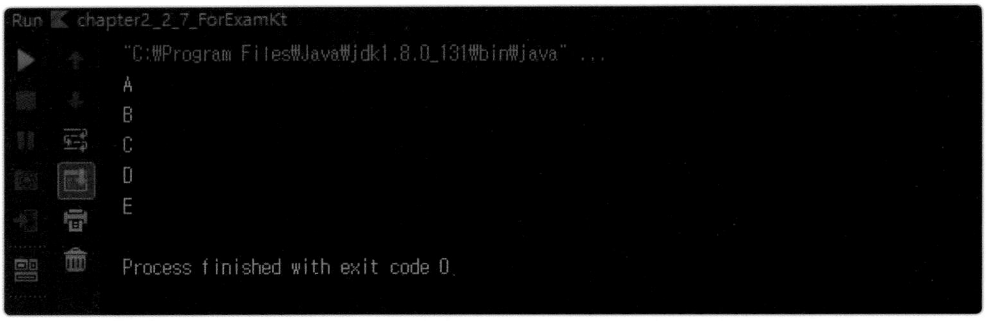
Run chapter2_2_7_ForExamKt
"C:₩Program Files₩Java₩jdk1.8.0_131₩bin₩java" ...
A
B
C
D
E
Process finished with exit code 0

[그림 2.7.1]

하지만 인덱스나 숫자를 사용하지 못하는 것은 아니다. 배열 혹은 자료구조에서 indices 메소드를 사용하면 인덱스를 뽑아올 수 있고, range 문법을 사용하면 숫자를 원하는 범위대로 for문에 사용할 수 있다.

[코드 2.7.2]는 indices 메소드 사용법이다. [코드 2.7.1]에서 약간만 바꾸면 된다.

[코드 2.7.3]은 range 문법을 이용해 인덱스를 가져오는 법이다. arr의 크기는 5이므로 "0..arr.size-1"은 0부터 4까지의 범위를 만들어낸다.

방법만 다른 것이므로 모든 코드의 출력은 [그림 2.7.1]과 동일하다.

```kotlin
fun main(args: Array<String>) {
    var arr = arrayOf("A", "B", "C", "D", "E")

    for(idx in arr.indices) {
        println(arr[idx])
    }
}
```

[코드 2.7.2] for문에서 인덱스 사용하기

```kotlin
fun main(args: Array<String>) {
    var arr = arrayOf("A", "B", "C", "D", "E")

    for(idx in 0..arr.size-1) {
        println(arr[idx])
    }
}
```

[코드 2.7.3] for문에서 range 사용하기

마지막으로 인덱스와 값을 둘 다 뽑아올 수 있는 메소드가 있다.

인덱스만 뽑아올 때에는 indices 메소드를 사용했지만 인덱스와 값을 둘 다 뽑아올 때에는 withIndex() 메소드를 사용한다.

[코드 2.7.4] 역시나 같은 주제의 예제에서 약간만 변경했다. 코드의 출력결과는 [그림 2.7.2]와 같이 각 인덱스와 값이 함께 출력된다.

```kotlin
fun main(args: Array<String>) {
    var arr = arrayOf("A", "B", "C", "D", "E")

    for((idx, value) in arr.withIndex()) {
        println("$idx 번째 값은 $value 입니다.")
    }
}
```

[코드 2.7.4] 인덱스와 값을 함께 가져오기

[그림 2.7.2]

while / do-while

while문은 자바 혹은 C언어의 while문과 100% 동일하다. while은 [코드 2.7.5]를 통해 간단한 예제만 보겠다.

이 코드의 출력결과는 0부터 9까지 반복되는 값이 출력되므로 [그림 2.7.3]과 같이 0부터 9까지의 값들이 순서대로 출력된다.

```kotlin
fun main(args: Array<String>) {
    var i = 0

    while(i < 10) {
        println(i)
        i++
    }
}
```

[코드 2.7.5] while문

[그림 2.7.3]

do-while문 또한 문법은 자바와 100% 동일하다. 하지만 달라진 점은 do-while문 안에서 선언된 변수를 조건식에 사용할 수 있다는 것이다.

물론 do-while문 안에서 변수의 값을 초기화시킨다면 안 된다. 무한루프에 빠지는 등 문제가 생길 것이다.

[코드 2.7.6]의 예제는 랜덤한 수를 가져와 그 수가 짝수라면 반복하게 하는 예제이다. 생성되는 숫자는 랜덤이므로 짝수인지 홀수인지 예측할 수 없는 상황이다. do-while문을 보면 그 안에서 선언된 number가 조건식에서 사용되는 것을 볼 수 있다. 클래스에 대한 개념은 뒤에 나올 예정이다. 여기선 랜덤숫자가 생성된다는 것에 주목하자.

이 코드의 출력결과는 [그림 2.7.4]와 같이 랜덤한 홀수가 출력된다. do-while문 안에서 랜덤한 숫자가 생성되고, do-while문의 조건은 생성된 수가 짝수일 경우에만 반복하도록 했기 때문이다.

```
fun main(args: Array<String>) {
    val gen = NumberGenerator()

    do {
        val number = gen.generateRandomNumber()
        println(number)
    }while(number % 2 == 0)
}

class NumberGenerator {
    val random = Random()

    fun generateRandomNumber() : Int {
        return random.nextInt(100)
    }
}
```

[코드 2.7.6] do while

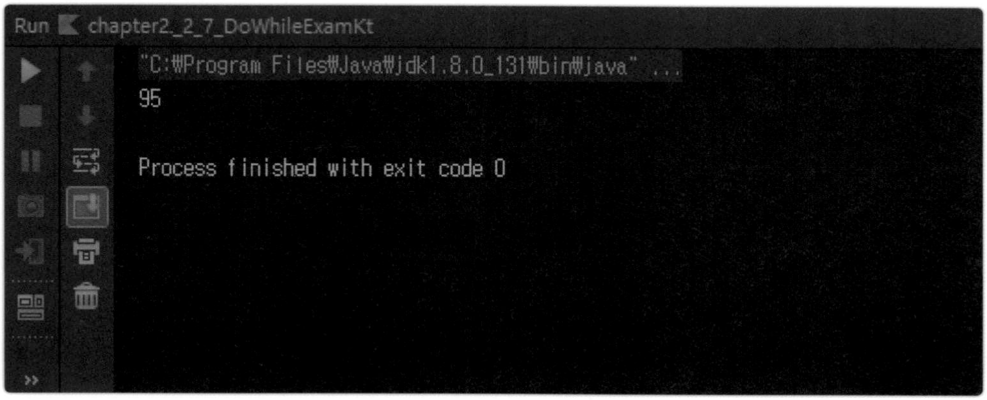
Run chapter2_2_7_DoWhileExamKt
"C:₩Program Files₩Java₩jdk1.8.0_131₩bin₩java" ...
95
Process finished with exit code 0

[그림 2.7.4]

contunue & break & label

continue와 break의 흐름제어 역할은 자바와 동일하다. 아래의 예제 [코드 2.7.7]을 보자. 이 코드는 arr의 요소를 for-each문으로 돌며 출력한다. 그리고 요소가 "C"이면 break로 멈추는 예제이다. 출력결과는 [그림 2.7.5]와 같다.

```kotlin
fun main(args:Array<String>) {
    val arr = arrayOf("A", "B", "C", "D", "E")

    for(i in arr) {
        println(i)
        if(i == "C")
            break
    }
}
```

[코드 2.7.7] break

```
Run   chapter2_2_7_BreakExamKt
    "C:\Program Files\Java\jdk1.8.0_131\bin\java" ...
    A
    B
    C

    Process finished with exit code 0
```

[그림 2.7.5]

그리고 아래의 [코드 2.7.8]은 동일한 내용의 continue 예제이다. 만약 요소가 "C"이면 출력하지 않고 반복문을 지나가게 한다. 이처럼 break와 continue는 자바와 동일하다.

출력결과는 [그림 2.7.6]과 같다.

```kotlin
fun main(args:Array<String>) {
    val arr = arrayOf("A", "B", "C", "D", "E")

    for(i in arr) {
        if(i == "C")
            continue
        println(i)
    }
}
```

[코드 2.7.8] continue

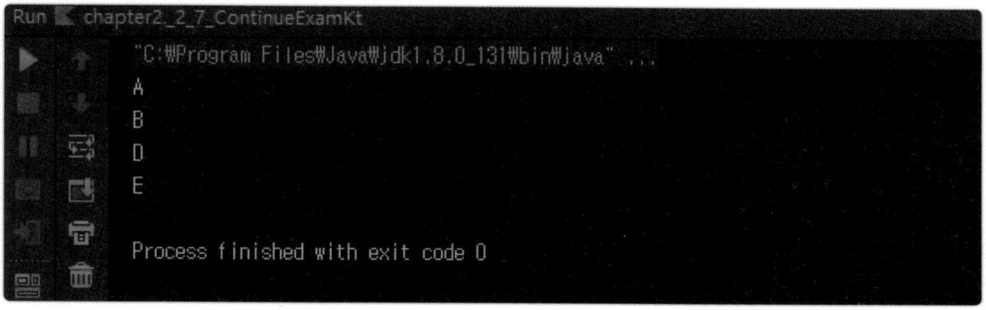
Run chapter2._2_7_ContinueExamKt
"C:₩Program Files₩Java₩jdk1.8.0_131₩bin₩java" ...
A
B
D
E
Process finished with exit code 0

[그림 2.7.6]

Label문은 자바와 약간 다르다. 자바와 다르게 코틀린에서는 골뱅이(@)로 라벨을 정의한다. 이는 추후에 나올 return이나 this, super 등의 키워드에도 적용된다.

[코드 2.7.9]는 label문의 예제이다. for문의 앞에 라벨을 붙여주었다. 라벨명@ 형식으로 만들어주면 추후 루프 안에서 break@라벨명 혹은 continue@라벨명 으로 사용 가능하다.

[코드 2.7.9]같은 경우는 i가 3이고 j가 3이라면 제일 밖의 루프를 탈출하도록 라벨문을 만들었다. 출력결과는 [그림 2.7.7]과 같다. 0/0부터 3/3까지 34번을 반복하게 된다.

```
fun main(args:Array<String>) {

    label@ for(i in 0..9) {
        for(j in 0..9) {
            println("$i / $j")

            if(i==3 && j==3) {
                break@label
            }
        }
    }
}
```

[코드 2.7.9] label문

Run chapter2._2_7_LabelExamKt
2 / 6
2 / 7
2 / 8
2 / 9
3 / 0
3 / 1
3 / 2
3 / 3
Process finished with exit code 0

[그림 2.7.7]

08 예외처리

try-catch

코틀린의 기본적인 try-catch문법은 자바와 거의 동일하다. 하지만 자바에서는 RuntimeException을 상속받은 비체크 예외들을 제외한 체크 예외에 대해서는 try-catch혹은 throws 처리를 강제했었다. 하지만 코틀린에서는 모든 예외들은 비체크 예외이다. 즉 예외처리를 강제하지 않는다. [코드 2.8.1]에서 체크 예외인 IOException을 처리하지 않아도 컴파일 과정에서는 오류가 발생하지 않는다. 물론 예외처리를 하지 않았으므로 런타임에는 예외가 발생하게된다.

또한 throwIOException 함수를 보면 throws를 사용해 자신을 호출한 코드에 책임전가를 하지 않는다. 코틀린에서는 이러한 책임전가를 지원하지 않는다. 그 이유는 위에서 예외처리를 강제하지 않는 것과 같은 이유다. 공식 홈페이지에서는 그 이유를 아래와 같이 설명하고 있다.

> 소규모 프로젝트에는 예외 사양을 요구하면 생산성이 향상되고, 코드 품질이 향상될 수 있지만, 대규모 프로젝트에서는 생산성 저하 및 코드품질 향상 효과가 미미하다라고 볼 수 있다.

 이 의미를 예를 들어 설명하자면 프로젝트를 진행하는 중에 [코드 2.8.1]에서의 throwIOException 함수를 여러 코드에서 사용한다고 해보자. 이 함수를 사용할 때마다 사용하는 모든 소스코드에서 이 함수에 대한 예외처리를 각각 다 해줘야한다. 이런 함수를 사용하는 코드가 많을수록 그 부담은 더 가중된다. 책임을 전가하지 말고 throwsIOException 함수 내부에서 처리해주는게 부담도 덜 가중된다.

```kotlin
import java.io.IOException

fun main(args: Array<String>) {
    throwIOException()
}

fun throwIOException():Int {
    throw IOException()
}
```

[코드 2.8.1] 컴파일 때 에러가 나지 않는 체크예외

[코드 2.8.1]의 출력결과는 [그림 2.8.1]과 같다. 컴파일상의 예외처리는 강제하지 않지만 처리를 하지 않았으므로 예외가 발생하게 되고 프로그램을 종료시킨다.

```
Run  chapter2._2_8_TryCatchExam2Kt
    "C:\Program Files\Java\jdk1.8.0_131\bin\java" ...
    Exception in thread "main" java.io.IOException
        at chapter2._2_8_TryCatchExam2Kt.throwIOException(2_8_TryCatchExam2.kt:10)
        at chapter2._2_8_TryCatchExam2Kt.main(2_8_TryCatchExam2.kt:6)

    Process finished with exit code 1
```

[그림 2.8.1]

이제 문법을 살펴보자면 기본적인 형식은 자바와 똑같다고 볼 수 있는데 [코드 2.8.2]의 예제를 보면 알 수 있다. try, catch, finally까지의 코드 흐름은 자바와 완전 동일하다.

이 코드의 출력결과는 [그림 2.8.2]와 같다. 숫자가 아닌 문자열을 형변환하려고 했으므로 NumberFormatException이 발생하여 "예외 발생"이 출력되고 finally 구문이 실행되어 "finally 구문" 문자열도 출력된다. 마지막으로 예외발생 시 num을 0으로 초기화시켰으므로 "num의 값은 0 입니다."가 출력된다.

```kotlin
fun main(args:Array<String>) {
    val str = "a"
    var num:Int

    try {
        num = str.toInt()
    } catch(e:NumberFormatException) {
        println("예외 발생")
        num = 0
    } finally {
        println("finally 구문")
    }

    println("num의 값은 $num 입니다.")
}
```

[코드 2.8.2] 코틀린의 try-catch 형식

```
Run  chapter2._2_8_TryCatchExamKt
    "C:\Program Files\Java\jdk1.8.0_131\bin\java" ...
    예외 발생
    finally 구문
    num의 값은 0 입니다.

    Process finished with exit code 0
```

[그림 2.8.2]

또한 자바와 다른 점은 try-catch를 표현식처럼 사용할 수 있다. 즉 try-catch로 리턴값을 전달할 수 있으며, 그 값을 별도의 변수나 상수에 할당할 수 있다.

[코드 2.8.3]을 보면 표현식처럼 사용할 수 있는 것을 확인할 수 있다. "10A"는 숫자로 변환이 불가능하므로 NumberFormatException을 내뿜게 된다. 그리하여 출력문으로 "예외 발생"을 출력하고 마지막 줄에 있는 0을 리턴한다.

그래서 number의 값에는 0이 들어가게 된다. 만약 try 안의 문자열이 "10A가" 아닌 "10"이였다면 10이 정수로 변환되어 number에 들어갔을 것이다.

이 코드의 출력결과는 [그림 2.8.3]과 같이 0이 출력된다.

```
fun main(args: Array<String>) {
    val number = try {
        "10A".toInt()
    } catch(e:NumberFormatException) {
        println("예외 발생")
        0

    }

    println("number의 값은 $number 입니다.")
}
```

[코드 2.8.3] 표현식으로의 사용

```
Run  chapter2_2_8_TryCatchVariableExamKt
"C:₩Program Files₩Java₩jdk1.8.0_131₩bin₩java" ...
0

Process finished with exit code 0
```

[그림 2.8.3]

try-with-resource

자바에서 try-catch-finally를 쓰는 용도중 리소스의 반환의 용도도 있었다. 자바에도 try-with-resource가 있지만 쓰기 불편하고 가독성이 좋지 않았던 문제가 있었다.

코틀린에서는 그래서 예외처리와 리소스반환을 별개의 문제로 처리했다. 그래서 코틀린의 try-with-resource 는 엄연히 보자면 예외처리는 아니다. 그리고 부를 때에도 try-with-resource라기 보다는 사용하는 메소드 명대로 use라고 부르는게 적합할 것이다.

아래의 [코드 2.8.4]는 use문의 예제이다. 텍스트 파일을 쓰고, 다시 읽어서 출력하는 코드이다. 여기서 use문을 사용하면 정의된 코드블록 내에서 스트림을 사용한 후에 코드블록이 종료되면 자동으로 close() 처리가 된다. 아까 말했듯이 예외처리와는 다른 영역이다.

파일을 읽거나 쓸 때 FileNotFoundException이 나타날 수 있다. 그래서 아래의 파일을 읽는 부분에는 예외처리를 해주었다. 하지만 그 위의 파일을 쓰는 부분에서 보이다시피 예외처리를 강제하지는 않는다.

코드의 출력은 [그림 2.8.4]와 같이 우리가 썼던 파일에서 다시 읽어온 "Hello World"가 출력된다.

```kotlin
fun main(args:Array<String>) {
    val path = "D:\\test.txt"
    val writeString = "Hello World!"

    File(path).outputStream().use {
        it.write(writeString.toByteArray())
    }

    try {
        File(path).inputStream().use {
            println(String(it.readBytes()))
        }
    } catch(e:FileNotFoundException) {
        println("File Not Found!")
    }
}
```

[코드 2.8.4] try-with-resource

```
Run  chapter2_2_8_TryWithResourceExamKt
    "C:\Program Files\Java\jdk1.8.0_131\bin\java" ...
    Hello World!

    Process finished with exit code 0
```

[그림 2.8.4]

09 함수

함수

코틀린의 함수도 매우 간편하다. 동적 타입을 지원하며 여러 요소들을 생략할 수 있어 형태를 간결하게 만들 수도 있다. 기본 함수의 골격은 아래의 [코드 2.9.1]과 같다.

```
fun 함수명(변수명:타입, 변수명:타입 ....) : 반환형 {
    내용...
    return 반환값
}
```

[코드 2.9.1]

만약 반환이 없는 함수라면 [코드 2.9.2]와 같이 반환형태에 Unit이라고 쓴다. 이는 자바에서 메소드를 선언할 때 반환타입을 void로 사용하는 것과 같은 뜻이다.

```
fun printSum(a:Int, b:Int) : Unit {
    println(a+b)
}
```

[코드 2.9.2]

예를 들어 Int형 인자 2개를 받아 합을 돌려주는 함수를 정의해보자면 아래 [코드 2.9.3]와 같다. 이번 장에서는 이 더하기 함수를 예를 들며 설명할 것이다.

```
fun sum(a:Int, b:Int) : Int {
    return a+b
}
```

[코드 2.9.3]

또한 인자에는 각 디폴트 값을 부여할 수 있다. [코드 2.9.4]와 같이 함수를 호출할 때 해당 인자를 넘겨주지 않는다면, 디폴트 값으로 값이 부여되어 들어간다.

[그림 2.9.1]은 이 코드의 실행결과이다. 두 번째 인자를 넘겨주지 않았으므로 b에는 기본값 5가 들어가 15가 리턴된다.

```kotlin
fun sum(a:Int, b:Int=5) : Int {
    return a+b
}

fun main(args: Array<String>) {
    var result = sum(10)
    println(result)
}
```

[코드 2.9.4] 디폴트 값 부여

```
Run ▣ chapter2_2_9_FunctionExamKt
    "C:₩Program Files₩Java₩jdk1.8.0_131₩bin₩java" ...
    15

    Process finished with exit code 0
```

[그림 2.9.1]

눈치 빠른 사람은 눈치를 챘겠지만 main함수에는 반환형을 명시해주지 않았었다. 즉 코틀린에서는 반환하는 값이 없으면 반환형을 생략할 수 있다.

```kotlin
fun printSum(a:Int, b:Int) : Unit {
    println(a+b)
}
```

[코드 2.9.5] 생략된 반환형

또한 코틀린의 함수선언에는 강력한 문법이 있는데, 함수의 내용이 단일 행일 경우는 아래와 같이 매우 간단하게 선언할 수 있다.

```kotlin
fun sum(a:Int, b:Int) = a+b
```

[코드 2.9.6] 간단한 함수 선언

위의 코드에서는 분명 반환 값이 있는데 리턴타입을 생략해버렸다. 코드가 한 줄이기에 코드의 내용을 보고 리턴 타입을 유추할 수 있기 때문이다.

하지만 안타깝게 여기서도 인자의 자료형은 생략할 수 없다. 이유는 인자의 타입마저 생략해버리면 인자가 어떤 형태로 넘어올지 유추할 수 없기 때문이다.

인간의 관점에서 [코드 2.9.6]의 더하기 함수를 보자. 우리는 매개변수 a와 b가 정수라는 것을 알기에 두 값을 더한 결과가 정수로 리턴될 것이라는 것을 유추할 수 있다.

하지만 a와 b의 타입을 생략한다면 a와 b에 String이 들어갈지, Int가 들어갈지, 혹은 다른 타입이 들어갈지 모르기 때문에 인자의 타입은 커녕 반환타입마저도 유추할 수 없게 된다. [코드 2.9.7]를 보고 반환타입을 유추해보자. 쉽지 않을 것이다.

```
fun sum(a, b) = a+b
```

[코드 2.9.7] 유추하기 어려운 리턴 타입

코틀린의 장점 중 하나는 에러에 대한 안전성에 있다. 파이썬 같은 다른 동적타입언어는 함수에서 인자의 타입을 생략하지만 그 타입에 정의되지 않은 속성을 사용하려면 에러를 발생시키고, 에러가 발생한다면 여러분도 알다시피 프로그램의 구동이 중지된다. 코틀린은 이러한 것을 원하지 않는 것이다. 코틀린의 묘미 중 하나는 최소의 제약으로 최대의 유연성에 안전성까지 취할 수 있다는 점에 있지 않을까 싶다.

▌ 가변인자

또한 함수에는 가변인자를 사용할 수 있다. 가변인자는 "vararg" 키워드를 사용한다.

사용은 매우 간편하다. [코드 2.9.8]을 보자. printNumbers 함수는 가변인자 numbers를 받는다. 그리고 main 함수에서는 가변인자로 1,2,3,4를 임의로 넘겨주었다.

출력내용은 [그림 2.9.2]와 같이 가변인자로 모든 요소들을 for-each문으로 순서대로 출력시켜 1, 2, 3, 4가 출력된다.

```
fun main(args: Array<String>) {
    printNumbers(1,2,3,4)
}

fun printNumbers(vararg numbers:Int) {
    for(number in numbers) {
        println(number)
    }
}
```

[코드 2.9.8] 가변인자 함수

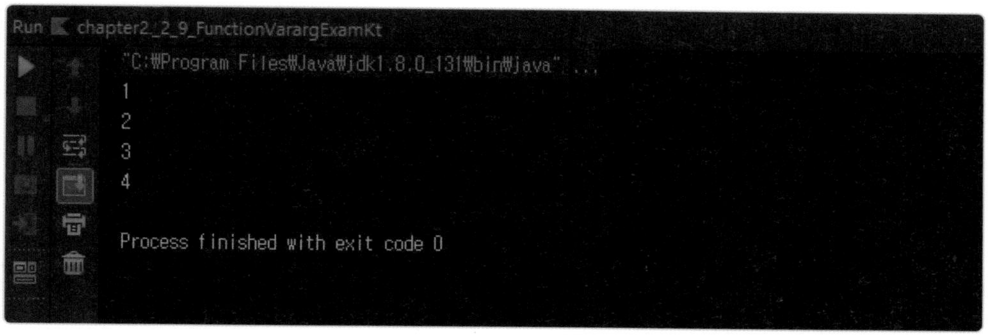

[그림 2.9.2]

내부함수

코틀린의 함수에는 함수 내부에 또 함수를 정의할 수 있다. 함수의 호출범위는 내부로 제한된다. [코드 2.9.9]를 보면 좀 복잡해 보일 수도 있지만, function1 내부에 function2가 선언되어있고, function2 내부에 function3이 선언되어있다. 각각 인자로 받은 숫자에 1을 더해 리턴해준다. 그래서 function1에 0을 넘겼을 때 함수가 총 3번 호출되므로 3이 리턴된다.

그래서 출력결과는 [그림 2.9.3]과 같이 3이 출력된다.

```kotlin
fun main(args: Array<String>) {
    println(function1(0))
}

fun function1(num1:Int):Int {
    fun function2(num2:Int):Int {
        fun function3(num3:Int):Int {
            return num3 + 1
        }
        return function3(num2) + 1
    }
    return function2(num1) + 1
}
```

[코드 2.9.9] 내부함수

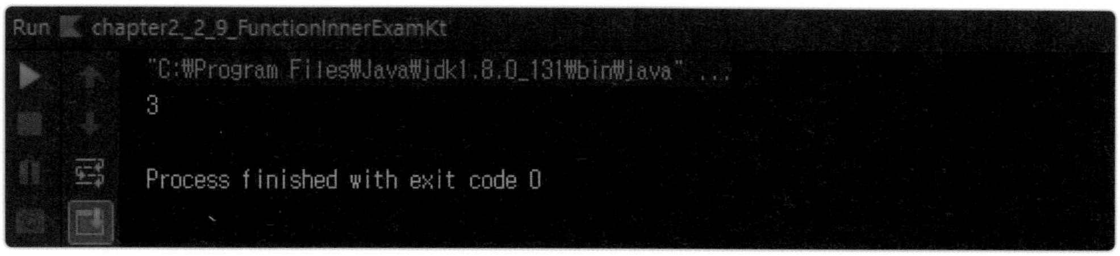

[그림 2.9.3]

10 람다

고차함수 (High Order Function)

고차함수는 함수를 일반 자료형이나 객체처럼 인자로 받거나, 리턴할 수 있는 함수이다. 자바스크립트나 하스켈 등 함수형 언어를 써 본 사람은 함수를 인자로 넘기거나 리턴하는 것을 경험했을 것이다.

인자로 넘어가는 함수는 콜백이라고 흔히 불리워지며, 이는 자주 들어본 사람이 있을 것이다. 고차함수로 인해 되불려지기 때문에 이렇게 불린다.

콜백이 자주 사용되는 예는 안드로이드에서 보자면 버튼 등의 뷰에 이벤트에 대한 반응을 정의할 때이다. 예를 들어 버튼이 클릭됐을 때 호출되는 onClick 메소드가 있다. 자바에서는 8버전이 나오기 전에 람다가 존재하지 않았기 때문에 각 Listener 인터페이스를 구현하여 넘기거나, 익명클래스 형식으로 콜백을 넘기는 방식을 사용했다. (안드로이드는 현재도 그렇게 사용하고 있다.)

이름만 고차함수이지 사용법은 일반 함수와 똑같다. 다만 인자를 받을 때 함수인자를 정의하는 부분만 람다라는 표현식을 사용한다. 먼저 고차함수를 정의할 때 함수를 표현하는 람다의 형식은 아래와 같다. 예제1의 함수는 인자도 없고 리턴값도 없는 함수이다. 스레드의 run() 메소드를 예로 들 수 있다. 또한 예제2의 함수는 정수 2개를 받아서 정수를 리턴하는 타입의 함수라는 뜻이다.

```
(인자타입1, 인자타입2)-> 반환형

예제1) ()->Unit
예제2) (Int, Int)->Int
```

자바에서 람다는 함수를 사용하는 입장에서는 쉽지만 함수를 정의하는 입장에서는 람다를 받는 메소드를 작성하기 위해서는 꽤나 귀찮은 작업이 필요했다. 반드시 람다의 형식으로 사용할 함수를 인터페이스로 감싸야했기에 함수 하나를 정의할 때마다 인터페이스로 정의해야했다. 이를 해결하기 위해 미리 정의된 인터페이스들도 있었으나 사용하기 불편한 것은 마찬가지였다.

아래의 [코드 2.10.1]은 인자가 없는 함수들의 예제이다. 코틀린에서 람다는 매개변수가 없거나, 1개뿐일 때

표현식에서 중괄호와 화살표 "()->"를 생략할 수 있다.

먼저 [코드 2.10.1]은 인자가 없는 함수를 사용하는 예제이다.

main 함수에서 invokeFunction1을 보면 매개변수가 함수 1개 밖에 없다. 다른 매개변수를 받지 않기 때문에 함수를 호출할 때 소괄호마저 생략하고 바로 중괄호로 코드블럭을 전달할 수 있다.

또한 invokeFunction2를 보면 매개변수가 2개이기 때문에 소괄호는 생략하지 않았다. 또한 특이점은 인자로 받는 함수에서 매개변수는 받지 않지만 String을 리턴하는 타입의 함수를 받는다. 그래서 코드블럭을 전달할 때 코드블럭의 맨 마지막 라인에 있는 "리턴 문자열"이 리턴되어 invokeFunction2의 returnValue 변수에 값이 들어가게 된다.

그리고 마지막으로는 스레드 5개를 호출했는데 스레드 또한 매개변수가 없는 함수(run)를 전달받기 때문에 소괄호를 생략하고 중괄호만으로도 생성자를 호출할 수 있었다.

코드의 출력값은 [그림 2.10.1]과 같다.

```kotlin
fun invokeFunction1(f: ()->Unit) {
    f()
}

fun invokeFunction2(num:Int, f: ()->String) {
    println("인자로 받은 숫자 : $num")
    var returnValue = f()
    println(returnValue)
}

fun main(args: Array<String>) {
    invokeFunction1 { println("콜백 함수 실행") }

    invokeFunction2(10, {
        println("콜백함수 여러줄 실행")
        "리턴 문자열"
    })

    for(i in 1..5) {
        Thread{
            println("${i}번 스레드")
        }.start()
    }
}
```

[코드 2.10.1] 인자가 없는 함수 표현법

```
Run  chapter2_2_10_LambdaExam1Kt
"C:₩Program Files₩Java₩jdk1.8.0_131₩bin₩java" ...
콜백 함수 실행
인자로 받은 숫자 : 10
여러줄 실행
리턴 문자열
1번 스레드
2번 스레드
3번 스레드
4번 스레드
5번 스레드

Process finished with exit code 0
```

[그림 2.10.1]

두 번째로 인자가 여러 개인 함수를 받는 함수를 만들어보자. [코드 2.10.2]를 보자. main함수에서는 숫자 두 개를 합해 리턴하는 함수를 정의하여 invokeFunction3 함수에 전달하였다.

그리고 invokeFunction3은 정수 2개를 받아 정수를 리턴하는 형식의 함수를 받겠다고 선언했다. 그리고 인자로 받은 함수에 10과 20을 전달하여 호출했다. 인자로 받은 함수는 덧셈을 수행하는 함수이므로 10과 20을 합한 30이라는 값을 리턴받게 되고, 마지막에는 30이 출력된다.

이 코드의 출력은 [그림 2.10.2]와 같다.

```kotlin
fun invokeFunction3(f: (Int, Int)->Int) {
    val returnValue = f(10, 20)
    println(returnValue)
}

fun main(args: Array<String>) {
    invokeFunction3({ a, b ->
        val c = a + b
        c
    })

}
```

[코드 2.10.2] 여러 인자를 받는 람다표현식

```
Run  chapter2_2_10_LambdaExam2Kt
"C:₩Program Files₩Java₩jdk1.8.0_131₩bin₩java" ...
30

Process finished with exit code 0
```

[그림 2.10.2]

그리고 람다표현식으로 넘기는 익명함수 방법 대신, 미리 정의된 함수를 넘길 수도 있다.

[코드 2.10.2]를 살짝 바꿔보겠다. [코드 2.10.3]을 보자. 먼저 덧셈을 수행하는 sum 함수를 선언했다. 그리고 똑같은 invokeFunction3 함수에 콜론 두 개(::)를 이용하여 sum함수를 넘겼다. sum함수의 형식이 "(Int, Int) ->Int" 와 일치하기에 가능한 일이다.

이 코드의 출력 또한 [그림 2.10.2]와 같다.

```kotlin
fun invokeFunction3(f: (Int, Int)->Int) {
    val returnValue = f(10, 20)
    println(returnValue)
}

fun sum(a:Int, b:Int):Int {
    return a+b
}



fun main(args: Array<String>) {
    invokeFunction3(::sum)
}
```

[코드 2.10.3] 미리 선언한 함수 넘기기

람다를 처음 설명할 때에 매개변수가 없거나, 혹은 1개이면 중괄호와 화살표 "()->"를 생략할 수 있다고 했었다. 매개변수가 없는 것은 그렇다 치지만 매개변수가 1개일 때에는 어떻게 변수명을 처리할 수 있을까? 코틀린에서는 이 단일 매개변수의 이름을 "it"로 부르기로 약속했다. 람다를 사용하는 방법은 매개변수가 없을 때와 동일하지만 그 변수를 사용하고 싶다면 "it"를 사용하면 된다.

[코드 2.10.4]는 단순하게 숫자를 받아 String으로 변환해주는 함수를 전달하여 사용하는 코드이다. invokeFunction4를 먼저 보면 매개변수로 정수 1개를 인자로 받아 문자열을 리턴하는 형식의 함수를 받겠다고 선언했다.

```kotlin
fun invokeFunction4(f: (Int)->String) {
    val returnValue = f(10)
    println(returnValue.length)
}

fun main(args: Array<String>) {
    invokeFunction4 {
        println("단일 매개변수 it의 값 : $it")
        it.toString()
    }
}
```

[코드 2.10.4] 단일 매개변수 함수를 더 간결하게

그런데 main함수를 보면 람다표현식에 Int형 매개변수를 받는 부분이 없다. 생략된 것이다. 그리고 아까 우리가 사용하기로 약속한 변수이름 "it"를 이용해 그 값을 사용했다.

invokeFunction4 내부에서 인자로 받은 함수에 10을 전달했고, 그것을 String 타입으로 변환해 리턴했다. 그 길이를 출력했으니 "10"의 길이 2가 출력된다.

코드의 출력값은 [그림 2.10.3]과 같다.

[그림 2.10.3]

마지막으로 눈치챘겠지만 이 람다 표현식은 함수 리터럴이다. 즉 함수지만 변수처럼 사용될 수 있다는 점이다. 매개변수로 함수를 선언할 때의 형식이 타입이고, 넘길 때의 형식이 값이다.

아래의 간단한 [코드 2.10.5]를 보면 main함수의 두 minus 변수는 같은 내용이다. minus1은 람다표현식을 사용해 내용을 정의했고, minus2는 기존 정의된 minus함수의 내용을 집어넣었다.

자바로 비슷한 비유를 하자면 minus1은 익명클래스를 이용해 객체 생성을 한 것이고, minus2는 기존 생성되어있는 객체를 넣은 것이라고도 비유할 수 있다.

이 코드에서 출력결과는 [그림 2.10.4]와 같이 세 가지 전부 같은 값인 9가 출력된다.

```kotlin
fun minus(a:Int, b:Int):Int {
    return a-b
}

fun main(args: Array<String>) {
    val minus1:(Int, Int)->Int = {a,b -> a-b}
    val minus2:(Int, Int)->Int = ::minus

    println(minus(10, 1))
    println(minus1(10, 1))
    println(minus2(10, 1))
}
```

[코드 2.10.5]

[그림 2.10.4]

11 클래스

클래스

코틀린에서 클래스의 개념은 자바와 동일하다. 자바에서 모든 클래스가 Object클래스를 상속받듯이 코틀린은 모든 클래스가 Any 클래스를 상속받는다. 코틀린에서 객체생성도 자바와 비슷하다. 다만 간결한 문법을 위해 new 키워드가 빠졌다. 간단하게 보여주자면 아래와 같이 한다.

```
val exam = String()
```

간단한 String 객체를 만들어봤다. 사실 자바와 비교하면 new 키워드가 빠진 것 빼고는 생성자에 값을 전달하는 것까지 똑같다.

하지만 클래스를 선언하는 문법은 확연하게 다르다. 생성자를 생략이 가능한 것은 똑같지만 코틀린은 "주 생성자"와 "보조 생성자"로 생성자가 두 개로 나뉘어진다. 여기선 이 생성자들에 대해 알아보도록 하겠다.

주 생성자

먼저 생성자를 따로 선언하지 않는 클래스를 계산 클래스로 예로 들어 만들어보겠다. 아래의 [코드 2.11.1]을 보자. 간단하게 Calc의 객체를 생성했고 그 메소드인 sum을 호출했다. 그리하여 이를 더해서 리턴된 결과값인 6을 출력하게 된다.

```kotlin
fun main(args: Array<String>) {
    val calc = Calc()
    println(calc.sum(1, 5))
}

class Calc {
    fun sum(a:Int, b:Int):Int {
        return a+b
    }
}
```

[코드 2.11.1] 생성자가 없는 간단한 계산 클래스

자바에서 기본 생성자를 생략해도 되듯이 [코드 2.11.1]에서도 기본 생성자를 생략한 것이다. 기본 생성자는 주 생성자에 속한다.

코드의 출력결과는 [그림 2.11.1]과 같다.

[그림 2.11.1]

그렇다면 주 생성자를 사용하여 클래스를 선언해보자. [코드 2.11.2]에서는 주 생성자를 사용하는 클래스를 보여준다. 주 생성자는 클래스 이름 옆에 바로 사용한다. 자바처럼 별도로 선언하지 않음으로써 어느 정도의 코드량을 줄일 수 있는 것이다. 아까 [코드 2.11.1]에서 기본 생성자를 생략했다고 했는데 클래스를 선언할 때 클래스 이름 옆에 "()"를 생략한 것이다.

그리고 다른 점은 init이라는 키워드로 코드블럭을 정의한다. 코틀린에서 주 생성자는 코드블럭이 없기 때문에 init 키워드로 주 생성자에 대한 행위를 정의할 수 있다. init 키워드로 정의된 코드블럭은 자바에서 생성자와 같이 객체가 생성될 때 한 번 실행된다.

자바에서는 인자가 없는 생성자를 만들지 않고, 다른 생성자를 만든다면 인자가 없는 생성자로 객체를 생성할 수 없다. 이와 마찬가지로 [코드 2.11.2]의 Backpack 클래스는 인자를 넘기지 않으면 객체를 생성할 수 없다. 그래서 여러 생성자를 사용하려면 보조생성자를 사용해야한다. 그 내용은 잠시 후에 알아보겠다.

init 키워드로 생성자를 정의하는 예제는 [코드 2.11.2]와 같다. 이 코드의 출력결과는 [그림 2.11.2]이다.

```kotlin
fun main(args: Array<String>) {
    val myBackpack = Backpack("Incase", "Gray")
}

class Backpack(brand:String, color:String) {
    init {
        println("브랜드는 ${brand}이고 색상은 ${color}입니다.")
    }
}
```

[코드 2.11.2] 생성자가 있는 클래스 선언

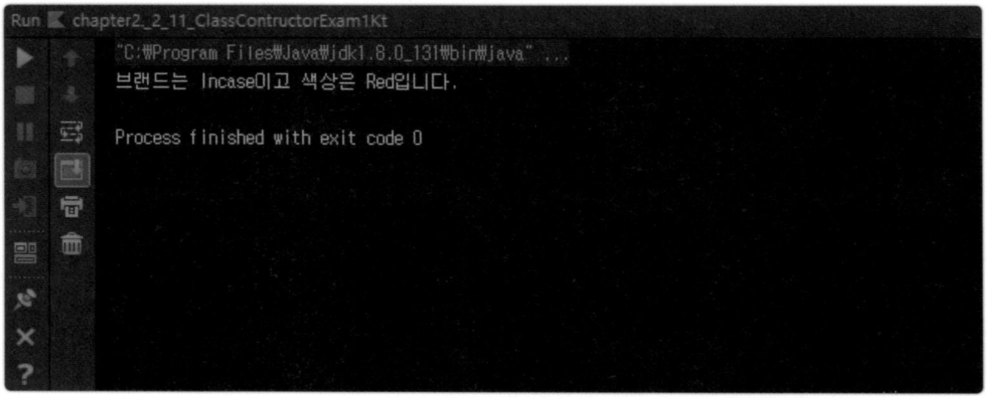

[그림 2.11.2]

그럼 생성자로의 접근을 막으려면 어떻게 해야할까? 그 이전에 여태까지 했던 예제코드들에도 constructor
키워드가 생략되어 있었다. 클래스의 가시성을 설정해주려면 생략했던 constructor 키워드를 사용해줘야한다.
[코드 2.11.3]은 가시성이 설정된 클래스의 선언예제이다.

클래스를 먼저 보면 생성자를 private로 막아놨다. 즉 객체를 생성할 수 없다. 그래서 main함수에서의 객체생성
코드는 에러가 발생한다. 저 private를 public으로 변경하면 에러가 사라진다.

```kotlin
fun main(args: Array<String>) {
    val c = NotAccessClass() // 에러
}

class NotAccessClass private constructor() {
    init {
        // 실행되지 않는 코드
    }
}
```

[코드 2.11.3] 생성할 수 없는 클래스

보조생성자

주 생성자만 사용하면 생성자를 1개밖에 사용하지 못하므로 보조생성자를 사용해야한다. 보조생성자는 [코드
2.11.4]처럼 사용한다. 사용방법은 보면 형식이 자바랑 약간 비슷하다. 클래스 이름을 constructor 키워드로
바꾼 것 뿐이다. public. private 등의 접근제어자도 앞에 붙일 수 있다.

하지만 Book 클래스처럼 주 생성자를 생략한 상태에서 보조생성자를 만들게 되면 주 생성자는 생략이 아니라
아예 없는 것이 된다. 즉 main함수에서 book1을 생성할 때 에러가 발생한다. 인자가 없는 기본생성자가 없기
때문이다.

```kotlin
fun main(args: Array<String>) {
    val book1 = Book() // 에러
    val book2 = Book("Kotlin", "Daniel")
}

class Book {
    var title:String
    var author:String

    constructor(title:String, author:String) {
        this.title = title
        this.author = author
    }
}
```

[코드 2.11.4] 보조생성자

그렇다면 여러 생성자가 있을 경우 어떻게 처리해야할까? [코드 2.11.5]를 보면 알 수 있다. 각 보조생성자를 보면 메소드처럼 콜론(:)뒤에 자신의 생성자를 재호출하는 것을 볼 수 있다. 코틀린에서 여러 생성자 처리는 이렇게 다른 생성자에게 나머지 역할을 위임하는 식으로 한다.

```kotlin
fun main(args: Array<String>) {
    val book1 = Book()
    val book2 = Book("Kotlin", "Daniel")
}

class Book() {
    var title:String = ""
    var author:String = ""

    constructor(title:String) : this() {
        this.title = title
    }

    constructor(title:String, author: String) : this(title) {
        this.author = author
    }
}
```

[코드 2.11.5] 다중 생성자 처리

getter & setter

클래스를 선언할 때에 getter와 setter를 선언해야할 때가 있다. 코틀린은 getter와 setter를 자동으로 지원하지만 간혹 getter와 setter에 추가적인 작업이 필요할 때가 있다. 이럴 때에는 별도의 키워드로 getter 와 setter를 선언해줄 수 있다.

[코드 2.11.6]을 보자. 형식은 멤버변수를 선언해줄 때에 바로 뒤에 getter와 setter를 선언해줘야한다. get과 set이라는 키워드로 선언해줄 수 있고, author 필드의 getter처럼 간소화도 가능하다.

```kotlin
class Book() {
    var title:String?
    get() {
        return title
    }
    set(value) {
        title = value
    }

    var author:String?
    get() = author
    set(value) {
        author = value
    }
}
```

[코드 2.11.6] getter와 setter

Singleton

싱글톤이란 클래스가 객체를 1개만 생성할 수 있도록 만드는 디자인 패턴 중 하나이다. 코틀린에서는 이 싱글톤패턴을 쉽게 만들 수 있도록 object 키워드를 제공한다. 이를 사용하면 클래스가 싱글톤으로 자동으로 만들어지며, 사용은 자바에서 static 변수와 메소드를 사용하듯이 별도의 객체생성코드 없이 사용할 수 있다.

[코드 2.11.7]을 보자. main함수를 보면 자바의 static 멤버를 사용하듯이 클래스명.변수명, 클래스명.메소드명 형태로 사용하고 있다. 이는 유틸리티 클래스 등의 객체를 많이 생성할 필요가 없는 경우에 많이 사용된다. 이 코드의 실행결과는 [그림 2.11.3]과 같다.

```kotlin
object SingletonClass {
    val str = "Hello World"

    fun sum(a:Int, b:Int):Int {
        return a+b
    }
}

fun main(args:Array<String>) {
    println(SingletonClass.str)

    val number = SingletonClass.sum(5, 10)
    println(number)
}
```

[코드 2.11.7]

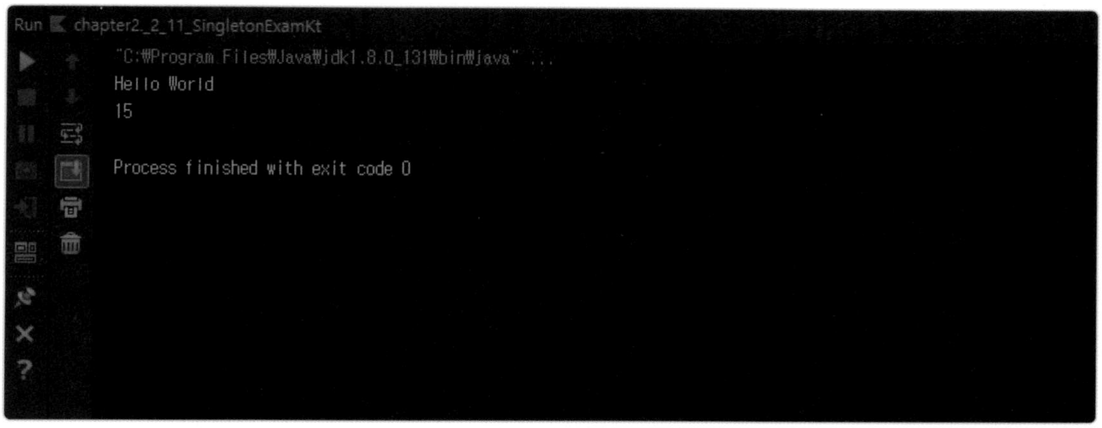
Run chapter2_2_11_SingletonExamKt
"C:₩Program Files₩Java₩jdk1.8.0_131₩bin₩java" ...
Hello World
15
Process finished with exit code 0

[그림 2.11.3]

Companion Object

동반객체는 쉽게 생각하면 자바에서의 static이라 생각하면 된다. 객체를 여럿 생성하는 일반 클래스에도 내부에 Companion Object를 선언하면 이를 객체생성 없이 static 요소처럼 바로 사용할 수 있다. 또한 Companion Object는 한 클래스에 하나만 선언할 수 있다.

아래의 [코드 2.11.8]을 보자. main함수를 보면 먼저 클래스의 객체생성을 했다. 객체 생성을 하면 Companion Object의 변수와 메소드를 사용할 수 없다. 사용하려면 무조건 객체생성방식이 아닌 클래스 이름으로 바로 호출하는 방식을 사용해야한다.

그 다음을 보면 minus 메소드를 호출하는 두 줄이 있다. 이처럼 Companion Object의 요소들은 그냥 호출해도 되고, Companion Object의 이름을 매개체로 호출해도 된다. 그 다음의 str2 상수를 출력하는 것도 마찬가지이다.

그리고 마지막에선 멤버상수와 Companion Object의 상수 이름이 겹친다. 이는 값을 가져오는 방식 자체가 다르므로 크게 신경을 쓰지 않아도 된다.

또한 [코드 2.11.9]처럼 Companion Object는 이름을 생략해도 된다. 이름을 생략해도 자바의 static 요소처럼 바로 가져와서 사용하면 된다.

실행결과는 각각 [그림 2.11.4]와 [그림 2.11.5]와 같다.

```
class CompanionTestClass {
    val str1 = "Hello!"
    val str3 = "Korea!"

    fun sum(a:Int, b:Int):Int {
        return a+b
    }

    companion object Companion {
        val str2 = "Hi!"
        val str3 = "USA!"

        fun minus(a:Int, b:Int):Int {
            return a-b
        }
    }
}

fun main(args:Array<String>) {
    var obj = CompanionTestClass()
    println(obj.str1)
    println(obj.sum(10, 5))

    println(CompanionTestClass.minus(10, 5))
    println(CompanionTestClass.Companion.minus(10, 5))

    println(CompanionTestClass.str2)
    println(CompanionTestClass.Companion.str2)

    println(CompanionTestClass().str3)
    println(CompanionTestClass.Companion.str3)
}
```

[코드 2.11.8]

```
Run  chapter2_2_11_CompanionExamKt
"C:\Program Files\Java\jdk1.8.0_131\bin\java" ...
Hello!
15
5
5
Hi!
Hi!
Korea!
USA!

Process finished with exit code 0
```

[그림 2.11.4]

```
class CompanionTestClass2 {
    companion object {
        val str = "Hi!"
    }
}

fun main(args:Array<String>) {
    println(CompanionTestClass2.str)
}
```

[코드 2.11.9]

```
Run    chapter2_2_11_CompanionExam2Kt
    "C:\Program Files\Java\jdk1.8.0_131\bin\java" ...
    Hi!

    Process finished with exit code 0
```

[그림 2.11.5]

12 상속

오픈클래스

코틀린에도 자바나 다른 객체지향 언어와 같이 상속이라는 개념이 존재한다. 코틀린에서 클래스와 메소드는 모두 기본적으로 final이다. 그래서 클래스를 상속받고, 재정의하려면 별도의 "open"이라는 키워드를 붙여주어야한다. 이를 오픈클래스라고 하며 이 클래스는 상속을 허용한다는 의미이다.

클래스를 공부하며 봤던 Book클래스를 오픈클래스로 바꾼 형태는 [코드 2.12.1]과 같다.

바뀐 점이 두 곳 뿐이다. "class" 키워드의 앞에 "open" 키워드를 추가해줬고, printInfo()라는 메소드를 추가했다. 다만 이 메소드의 앞에도 "open" 키워드를 사용하여 오버라이딩이 가능하다고 명시했다.

```kotlin
open class Book() {
    var title:String = ""
    var author:String = ""

    constructor(title:String) : this() {
        this.title = title
    }

    constructor(title:String, author: String) : this(title) {
        this.author = author
    }

    open fun printInfo() {
        println("제목은 ${title}, 저자는 ${author} 입니다.")
    }
}
```

[코드 2.12.1] 오픈클래스 예제

특이한 점으로 코틀린은 멤버변수나 상수까지도 오버라이딩이 가능하다. 변수에도 open 키워드를 사용하면 자식클래스에서 변경이 가능하다는 말이다. [코드 2.12.2]를 보자.

매우 간단한 예제인데 보이는 그대로 상수와 변수를 각각 재정의했다. 물론 부모가 갖고있는 값에도 super 키워드를 사용해 접근할 수 있다.

```
open class Book() {
    open val serialNumber = 5555
    open var price = 1000
}

class EBook : Book() {
    override val serialNumber = 7777
    override var price = 5000
}
```

[코드 2.12.2] 변수 오버라이딩

오픈클래스를 정의하고 상속받아 사용하는 전체 코드는 아래의 [코드 2.12.3]와 같다. 코드를 보면 Ebook 클래스를 선언할 때 콜론(:) 뒤에 Book의 생성자를 호출함으로써 Book 클래스를 상속받았음을 나타냈다.

```
fun main(args: Array<String>) {
    val book = Book("Kotlin", "Daniel")
    val ebook = EBook("Kotlin", "Daniel", "https://devdogs.kr")

    book.printInfo()
    ebook.printInfo()
}

open class Book() {
    var title:String = ""
    var author:String = ""

    constructor(title:String) : this() {
        this.title = title
    }

    constructor(title:String, author: String) : this(title) {
        this.author = author
    }

    open fun printInfo() {
        println("제목은 ${title}, 저자는 ${author} 입니다.")
    }
}

class EBook(title:String, author: String, var url:String?) : Book(title,
author) {

    constructor() : this("", "", null)

    override fun printInfo() {
        println("제목은 ${title}, 저자는 ${author}, 접속 URL은 ${url} 입니다.")
    }
}
```

[코드 2.12.3] 오픈클래스 상속에 대한 전체 예제

하지만 Book 클래스를 선언할 때와 다른 점이 있다. 주 생성자에 매개변수 3개를 사용했고, 그 3개 중 "title"과 "author"를 부모클래스인 Book의 생성자에 넘겼다. 그리고 세 번째 인자인 url에는 "var" 키워드가 붙어있다.

먼저 var 키워드에 대해 설명하자면 var 혹은 val 키워드를 붙인 주 생성자의 매개변수는 그대로 클래스의 멤버변수가 된다. Book 클래스처럼 멤버변수를 클래스 내부에서 선언할 때에는 무조건 NULL값으로라도 값을 초기화 시켜줘야한다. 하지만 Ebook클래스처럼 주생성자에 멤버변수를 선언한다면 값을 초기화해주지 않아도 된다.

두 번째로 주 생성자에서 받은 매개변수를 바로 부모 생성자의 매개변수로 전달할 수 있다. Ebook의 주 생성자를 보면 첫 번째와 두 번째 매개변수를 부모클래스인 Book의 생성자에 전달했다.

또한 비어있는 클래스를 생성 가능하게 하기 위해 보조생성자를 이용해 매개변수가 없는 생성자를 선언했다. 구현 내용이 없으므로 중괄호({})는 생략했고, 주 생성자에 빈 값들을 전달했다. title과 author는 NULL값을 받을 수 없는 자료형이므로 공백 문자열을 넘겨주었다.

[코드 2.12.3]의 출력결과는 [그림 2.12.1]과 같다.

[그림 2.12.1]

또한 보조생성자를 이용해서도 부모클래스의 생성자에 값을 넘길 수 있다. 위의 [코드 2.12.2]에서 Ebook 클래스만 변경해봤다. 아래의 [코드 2.12.4]을 보자.

주 생성자를 이용하지 않고 보조생성자만 이용했기 때문에 상속을 받을 때에도 Book의 생성자를 사용하지 않았다. 보조 생성자를 이용할 때에는 클래스의 이름을 사용하지 않고, "super"키워드를 이용한다.

```
class EBook : Book {
    var url:String = ""

    constructor() : super("", "")

    constructor(title:String, author: String, url:String) : super(title,
author) {
        this.url = url
    }

    override fun printInfo() {
        println("제목은 ${title}, 저자는 ${author}, 접속 URL은 ${url} 입니다.")
    }
}
```

[코드 2.12.4] 보조생성자를 이용한 상속

EBook 클래스를 다른 클래스에서 추가적으로 상속이 가능하게 하고 싶으면 EBook 클래스에 open 키워드만 붙여주면 된다. 그렇게 한다면 부모에게서 상속받은 printInfo() 메소드는 부모인 Book 클래스에게서 open 으로 물려받았기 때문에 EBook 클래스에서의 printInfo() 메소드 또한 기본적으로 open이 된다. 그래서 하위 클래스에서 이 메소드를 다시 오버라이딩이 가능하다. printInfo()메소드를 하위 클래스에서 오버라이딩하지 못하게 하려면 "final" 키워드로 막아주면 된다.

[코드 2.12.5]를 보자. 매우 간단하다. EBook 클래스를 open클래스로 바꿔주어 상속이 가능하게 한 다음, printInfo() 메소드를 final로 선언하여 상속을 막았다. 그럼 ExtendEBook 클래스는 EBook을 상속받았지만, printInfo() 메소드는 재정의하지 못하고 부모의 메소드를 사용한다. 이처럼 open과 final은 상반된 관계이며 상속을 열고 닫는데에 적절하게 사용하면 된다.

```
open class EBook : Book {
    var url:String = ""

    constructor() : super("", "")

    constructor(title:String, author: String, url:String) : super(title,
author) {
        this.url = url
    }

    final override fun printInfo() {
        println("제목은 ${title}, 저자는 ${author}, 접속 URL은 ${url} 입니다.")
    }
}

class ExtendEBook() : EBook() {

}
```

[코드 2.12.5] 오버라이딩 막기

안드로이드를 개발할 때 이벤트 처리 등의 이유로 이너클래스나 익명클래스를 사용할 일이 많아진다. 이럴 때 익명, 이너 클래스 안에서 this나 super 키워드를 사용하기 애매할 때가 있었다.

코틀린에서는 이러한 점을 해결하기위해 this와 super가 누구를 의미하는지 컴파일러에게 명시해줄 수 있는 옵션을 제공한다. [코드 2.12.6]와 [코드 2.12.7]은 이러한 예를 나타낸다. 아직 안드로이드에 들어가지 않았지만 이벤트 리스너는 알고있을 것이라 가정하고 작성했다. 이 예제는 안드로이드를 몰라도 "대략 이렇게 돌아가는구나" 이해하면 된다.

먼저 부모클래스를 보면 여태까지의 예제와 비슷하다. 일반적인 오픈클래스이며 액티비티 클래스를 상속받았다. 또한 부모와 자식을 구분할 수 있는 printMessage() 메소드를 갖고 있다.

또한 자식클래스는 부모클래스를 상속받아 버튼을 클릭하면 각각 자신과 부모의 printMessage() 메소드를 실행하도록 하고 있다. 그냥 봐도 알 수 있겠지만 onClickListener 내부의 콜백은 익명클래스이므로 그냥 this 키워드를 사용하면 OnClickListener 객체를 가리키게 된다. 하지만 @를 이용하여 MainActivity라는 것을 지정해주면 MainActivity를 기준으로 자신과 부모를 구별할 수 있게된다.

즉 super@MainActivity는 MainActivity의 부모. 즉 CustomAppCompatActivity를 가르킨다. 또한 this@MainActivity는 MainActivity 자신을 가리키게 된다.

버튼을 눌렀을 시 실행결과는 순서대로 "자식 클래스", "부모 클래스" 가 출력된다.

```kotlin
package kr.devdogs.sendmedicine.activity

import android.support.v7.app.AppCompatActivity
import android.os.Bundle

open class CustomAppCompatActivity : AppCompatActivity() {

    override fun onCreate(savedInstanceState: Bundle?) {
        super.onCreate(savedInstanceState)
    }

    open fun printMessage() {
        println("부모.클래스")
    }
}
```

[코드 2.12.6] 부모클래스

```
package kr.devdogs.sendmedicine

import android.os.Bundle
import kr.devdogs.kotlinbook.activity.CustomAppCompatActivity
import android.widget.*

class mainActivity : CustomAppCompatActivity() {
    protected var btn:Button? = null
    override fun onCreate(savedInstanceState: Bundle?) {
        super.onCreate(savedInstanceState)
        setContentView(R.layout.activity_main)
        initView()
    }

    fun initView() {
        this.btn = findViewById(R.id.btn) as Button?

        this.btn?.setOnClickListener {
            this@MainActivity.printMessage()
            super@MainActivity.printMessage()
        }
    }

    override fun printMessage() {
        println("자식 클래스")
    }
}
```

[코드 2.12.7] 자식클래스

익명클래스

익명클래스를 선언할 때는 자바와 다르게 object 키워드를 명시적으로 붙여주어야 한다.

```
fun main(args:Array<String>) {
    val listener = object: OnClickListener() {
        override fun onClick() {
            println("익명 클래스 재정의")
        }
    }

    listener.onClick()
}

open class OnClickListener {
    open fun onClick() {}
}
```

[코드 2.12.8]

[코드 2.12.8]을 보자. 상속이 가능하도록 Listener를 구현했다. 그리고 메인 함수에서는 object 키워드를 붙여 OnClickListener의 익명클래스를 선언했다. 이처럼 매우 간단하게 익명클래스를 선언할 수 있다.

[그림 2.12.3]

추상클래스와 인터페이스

13

추상클래스

추상클래스의 개념과 사용법은 자바와 동일하다. abstract 키워드를 사용해 선언하는 것까지 똑같다. 다만 코틀린에서는 추상메소드가 아닌 부모의 메소드를 자식이 추상메소드로 변경해서 사용할 수 있다는 점이다.

먼저 [코드 2.13.1]을 보면 추상클래스와 추상메소드를 선언하는 예제이다.

자바와 마찬가지로 클래스와 메소드를 선언할 때 앞에 abstract 키워드만 붙여주면 추상클래스가 된다. 또한 이를 상속받은 클래스는 일반적인 클래스 상속처럼 override 키워드만 붙여주면 된다. 다만 추상클래스의 특성상 추상메소드는 꼭 자식이 오버라이딩하지 않으면 컴파일 에러가 발생하는 제약이 있다.

이 예제의 출력결과는 [그림 2.13.1]과 같다.

```
fun main(args:Array<String>) {
    val book = EBook()
    book.readContent(1)
}

abstract class Book {
    abstract fun readContent(page:Int)
}

class EBook : Book() {
    override fun readContent(page: Int) {
        println("${page}의 내용")
    }
}
```

[코드 2.13.1] 추상클래스의 선언과 상속

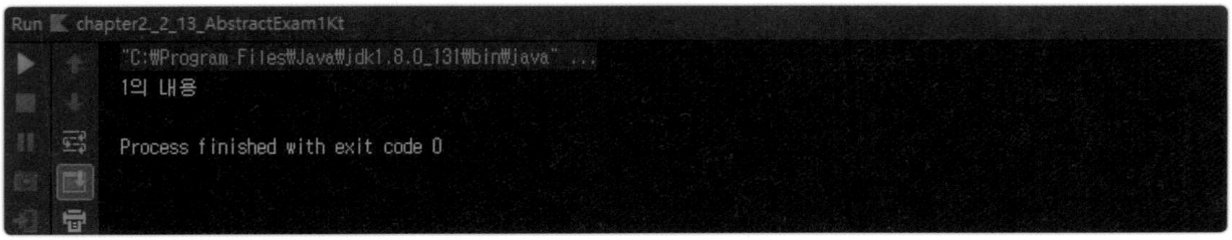

```
Run ▶ chapter2_2_13_AbstractExam1Kt
    "C:\Program Files\Java\jdk1.8.0_131\bin\java" ...
    1의 내용

    Process finished with exit code 0
```

[그림 2.13.1]

일반 메소드인 부모의 메소드를 추상메소드로 변경할 수도 있다. [코드 2.13.2]를 보자.

[코드 2.13.1]의 Book 클래스를 오픈 클래스로 변경하고, EBook을 추상 클래스로 만들었다. Book의 readContent 메소드는 일반 메소드이지만 EBook에서는 추상클래스로 변경했다.

이처럼 추상메소드가 아닌 메소드까지 추상메소드로 변경을 할 수 있다.

```kotlin
open class Book {
    open fun readContent(page:Int) {}
}

abstract class EBook : Book() {
    override abstract fun readContent(page: Int)
}
```

[코드 2.13.2] 추상메소드로 변경

인터페이스

코틀린에서 인터페이스는 선언방법과 형태 모두가 자바와 유사하다. 자바8처럼 메소드의 기본 동작을 정의할 수도 있다. 또한 다중상속이 가능한데 다중상속을 받을 때 super 키워드로 부모를 구분하기 애매하다. 그래서 제너릭처럼 부모를 구분할 수 있는 기능도 제공한다.

간단한 인터페이스의 예제는 [코드 2.13.3]을 보자.

인터페이스는 기본적으로 open이기에 모든 것을 바로 오버라이딩할 수 있다. 오픈클래스, 추상클래스와 마찬가지로 상수도 오버라이딩이 가능하다.

```kotlin
interface Parent {
    val str:String

    fun myMethod()
}

class Child:Parent {
    override val str = "Child"

    override fun myMethod() {
        // Child Override
    }
}
```

[코드 2.13.3] 인터페이스

다중 상속일 경우는 super에 제너릭 타입을 붙여 부모를 구분할 수 있다.

[코드 2.13.4]를 보면 Child는 부모 2개를 다중상속받는다. 그리고 두 부모는 같은 이름의 메소드를 갖고있기 때문에 누구의 속성을 사용할지 애매하다.

그래서 super에 제너릭 타입을 사용해 각 부모를 구분하고 그에 맞는 기능을 사용할 수 있다.

코드의 출력결과는 [그림 2.13.2]와 같다.

```kotlin
interface Parent1 {
    val str:String

    fun myMethod() {
        println("chapter2.Parent1")
    }
}

interface Parent2 {
    val str:String

    fun myMethod() {
        println("chapter2.Parent2"")
    }
}
class Child: Parent1, Parent2 {
    override val str = "chapter2.Child"

    override fun myMethod() {
        super<Parent1>.myMethod()
        super<Parent2>.myMethod()
    }
}

fun main(args:Array<String>) {
    val child = Child()
    child.myMethod()
}
```

[코드 2.13.4] 다중상속 부모찾기

```
Run  chapter2_2_13_InterfaceExam2Kt
    "C:\Program Files\Java\jdk1.8.0_131\bin\java" ...
    chapter2.Parent1
    chapter2.Parent2

    Process finished with exit code 0
```

[그림 2.13.2]

14 데이터 클래스

데이터클래스

단순히 값을 담는 클래스를 자바에서는 Value Object(VO) 혹은 Data Transfer Object(DTO)라고 불렀다. 이러한 데이터를 담는 클래스를 코틀린에서는 기본적인 기능으로 제공하며 데이터 클래스라고 부른다.

또한 데이터클래스는 멤버 변수에 대한 getter를 자동으로 제공한다. 하지만 setter는 변수의 타입에 따라 상수 (val)일 경우에는 제공하지 않는다. 상수인 값을 변경하고자 할 때에는 copy 메소드를 통해 값이 변경된 새로운 객체를 생성한다. 데이터 클래스에 대한 예제는 [코드 2.14.1]을 보자. 데이터클래스의 선언은 매우 간단하다.

이 코드의 출력결과는 [그림 2.14.1]과 같이 제목, 저자, 가격이 출력된다.

```kotlin
data class Book(val title:String, val author:String, val price:Int)

fun main(args:Array<String>) {
    val book = Book("Kotlin", "Daniel", 10000)

    println("${book.title} / ${book.author} / ${book.price}")
}
```

[코드 2.14.1] 데이터클래스

[그림 2.14.1]

하지만 [코드 2.14.1]과 같이 선언한다면 매개변수가 없는 생성자로 객체생성을 하지 못한다. 그러므로 매개변수가 없는 빈 객체를 만들고 싶다면 [코드 2.14.2]처럼 데이터클래스의 모든 속성에 기본값을 주어야 한다.

이 코드의 출력결과는 [그림 2.14.2]와 같다.

```
data class Book(val title:String="No Title",
                val author:String="No Author",
                val price:Int=0)

fun main(args:Array<String>) {
    val book = Book()
    println("${book.title} / ${book.author} / ${book.price}")
}
```

[코드 2.14.2] 빈 객체를 생성할 수 있는 데이터 클래스

```
"C:\Program Files\Java\jdk1.8.0_131\bin\java" ...
No Title / No Author / 0

Process finished with exit code 0
```

[그림 2.14.2]

상수인 값을 변경하려면 값이 변경된 새로운 객체를 생성해야만 한다. 이는 copy() 메소드를 통해 한다. [코드 2.14.3]을 보면 copy 메소드를 통해 가격만 변경된 새로운 객체를 생성했다. 또한 값을 변경할 수 있는 필드인 price의 값을 변경해서 출력했다.

book2는 값이 새로 입력되지 않은 제목은 "Kotlin", 저자는 "Daniel"의 값이 그대로 들어있고, 가격만 20000원으로 변경된 새로운 객체다. 그래서 마지막 줄의 객체비교를 하면 false가 출력된다.

또한 price 필드는 변경이 가능하므로 마지막에는 book2의 price가 30000원으로 바뀌어서 출력된다.

코드의 출력결과는 [코드 2.14.3]과 같다.

```
data class Book(val title:String="", val author:String="", var
price:Int=0)

fun main(args:Array<String>) {
    val book = Book("Kotlin", "Daniel", 10000)
    println("${book.title} / ${book.author} / ${book.price}")

    val book2 = book.copy(price = 20000)
    println("${book2.title} / ${book2.author} / ${book2.price}")

    println(book == book2)

    book2.price = 30000
    println("${book2.title} / ${book2.author} / ${book2.price}")
}
```

[코드 2.14.3] 객체의 값 변경 및 생성

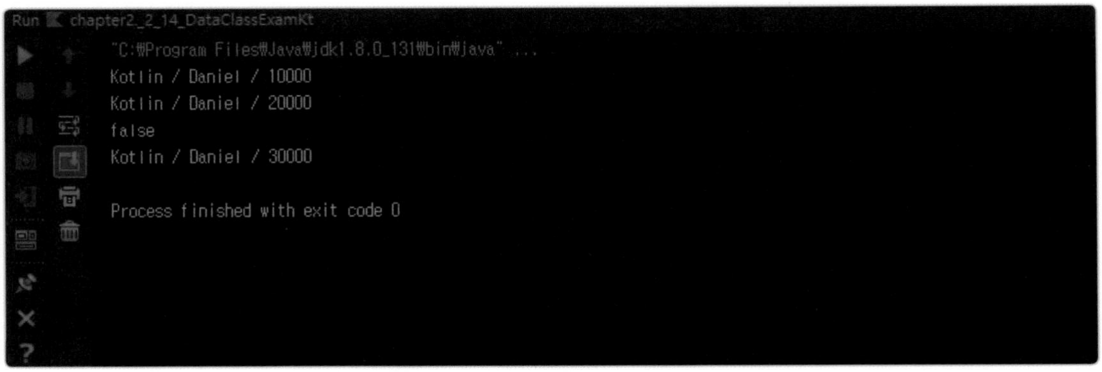
Run chapter2._2_14_DataClassExamKt
"C:₩Program Files₩Java₩jdk1.8.0_131₩bin₩java" ...
Kotlin / Daniel / 10000
Kotlin / Daniel / 20000
false
Kotlin / Daniel / 30000
Process finished with exit code 0

[그림 2.14.3]

15 확장

확장

자바와 다르게 코틀린에서는 확장이라는 개념이 있다. 이 확장은 쉽게 말하자면 기존 클래스에 메소드를 추가하거나, 기존 메소드의 기능을 확장할 수 있는 기능이다. 이 확장기능을 사용하면 메소드의 기능을 확장하려고 굳이 데코레이터 패턴 같은 디자인 패턴을 사용하지 않아도 된다.

확장의 예는 [코드 2.15.1]을 보자. 간단한 계산기 클래스를 만들었다. 기존에는 두 개의 숫자를 더해주는 메소드만을 갖고 있다. 하지만 확장기능을 통해 세 개의 숫자를 더할 수 있도록 기능을 확장시켰다.

확장함수 내부의 스코프는 클래스 내부에서 메소드를 선언하는 것과 동일하다. 마치 오버로딩을 하는 것처럼 사용이 가능하다. 즉 내부에서 사용하는 것과 마찬가지이므로 this와 super도 사용이 가능하다는 것이다. 다만 확장함수를 사용할 때에 주의점은 재정의는 안된다는 것이다. 재정의라 함은 오버라이딩과 같이 기존의 메소드와 매개변수, 반환형이 전부 동일하면 안된다. 컴파일 에러는 뜨지 않지만 적용이 되질 않는다.

코드의 실행결과는 [그림 2.15.1]과 같다.

```kotlin
class Calculator {
    fun sum(a:Int, b:Int):Int {
        return a+b
    }
}

fun Calculator.sum(a:Int, b:Int, c:Int):Int {
    return sum(a, b) + c
}

fun Calculator.minus(a:Int, b:Int):Int {
    return a-b
}

fun main(args:Array<String>) {
    val calc = Calculator()
    println(calc.minus(10,2))
    println(calc.sum(1,2,3))
}
```

[코드 2.15.1] 확장함수 예제

[그림 2.15.1]

여기서 조금 더 응용하면 다른 클래스의 메소드를 내가 작성한 클래스 내부의 범위에서만 사용할 수도 있다. 만약 확장함수가 유효한 범위를 클래스 내부로 한정시키고 싶을 때 유용할 것이다.

```kotlin
class Calculator {
    val d = 10
    fun sum(a:Int, b:Int):Int {
        return a+b
    }
}

class MyClass {
    val calc = Calculator()

    fun Calculator.sum(a:Int, b:Int, c:Int):Int {
        return sum(a, b) + c + this.d
    }

    fun Calculator.minus(a:Int, b:Int):Int {
        return a-b
    }

    fun sum(a:Int, b:Int, c:Int):Int {
        return calc.sum(a,b,c)
    }

    fun minus(a:Int, b:Int):Int {
        return calc.minus(a, b)
    }
}

fun main(args:Array<String>) {
    val myClass = MyClass()
    println(myClass.minus(10,2))
    println(myClass.sum(1,2,3))
}
```

[코드 2.15.2] 클래스 내부에서의 확장선언

[코드 2.15.2]를 보자. 나는 Calculator 클래스의 기능을 내 클래스 안에서만 확장시키고 싶다. 그래서 MyClass 안에서 확장함수를 선언했다. 이렇게 하면 저 클래스 범위 안에서만 기능의 확장이 가능해진다.

또한 MyClass에서 sum 메소드를 재정의할 때 마치 Calculator 클래스 내부에서 정의하는 것처럼 Calculator 의 멤버변수인 d를 this 키워드를 이용해 불러왔다. 이처럼 확장을 사용할 때 재정의하는 클래스의 내부에서 사용하는 것처럼 스코프를 활용할 수 있다.

코드의 실행결과는 [그림 2.15.2]와 같다.

[그림 2.15.2]

16 Null Check

Null Check

코틀린의 목표 중 하나는 NullPointerException에서 안전해지는 것이다. 그래서 타입부터 크게 Null을 가질수 있다, 없다로 나누어두었다. 그래서인지 기본자료형들도 무조건 레퍼런스 타입으로 만들어두었다.

사용법은 매우 간단하다. 타입이름의 뒤에 물음표(?)를 붙이면 Null을 가질 수 있는 타입이다. 아래 예제의 number1은 Null값을 가질 수 없다. 만약 Null을 주게되면 컴파일 에러가 발생한다. 그리고 number2는 타입에 물음표가 붙어있기 때문에 Null 값을 가질 수 있다.

```
val number1:Int  // Not null
val number2:Int? // null OK
```

또한 물음표를 이용해 메소드의 실행여부를 결정할 수도 있다. 만약 Null값이 허용되는 타입이라면 변수명 뒤에 물음표를 달아 변수가 Null이라면 메소드를 실행하지 않도록 할 수 있다.

아래의 [코드 2.16.1]에서 toString() 메소드를 호출하면 number2에는 Null 값이 들어있기 때문에 NullPointerException이 발생할 것이다.

하지만 [코드 2.16.2]에선 NullPointerException이 발생하지 않는다. number2에 물음표를 붙여줬기 때문이다. 이처럼 물음표를 붙여주면 number2가 null값인지 검사하여 null이면 메소드를 실행하지 않고 null 을 리턴한다.

```
fun main(args:Array<String>) {
    val number1:Int = 0
    val number2:Int? = null

    number2.toString()
}
```

[코드 2.16.1] NullPointerException 발생 코드

```
fun main(args:Array<String>) {
    val number1:Int = 0
    val number2:Int? = null

    number2?.toString()
}
```

[코드 2.16.2] NullPointerException이 발생하지 않는 코드

Null Check를 하여 null이 아닐 경우 수행할 연산을 코드블럭으로 정의하여 실행시킬 수도 있다. 모든 클래스에 있는 let 이라는 메소드가 있는데 이 메소드는 자기 자신을 람다의 인자로 넘겨 수행할 코드블럭을 정의할 수 있다. 이 메소드는 코틀린 클래스의 객체뿐만 아니라 기존의 자바 클래스의 객체에서도 사용이 가능하다.

아래의 [코드 2.16.3]을 보자. number1과 number2의 객체에서 let이라는 메소드를 호출했고, 람다로 null이 아닐 경우에 수행할 행동들을 정의했다.

코드블럭 안에서 "it"는 이전에 람다에서 본 것처럼 인자가 1개일 경우 인자를 명시하는 것을 생략하고, 그 인자를 부를 이름을 정한 약속어이다. 즉 number1의 코드블록 안에서 it는 number1을 가르킨다.

코드의 실행결과는 [그림 2.16.1]과 같다.

```
fun main(args:Array<String>) {
    val number1:Int? = 0
    val number2:Int? = null


    number1?.let {
        println("number1은 null이 아닙니다")
        println(it.toString())
    }

    number2?.let {
        println("number2는 null이 아닙니다")
        println(it.toString())
    }
}
```

[코드 2.16.3] let 문법

```
Run  chapter2_2_16_NullCheckExam2Kt
        "C:\Program Files\Java\jdk1.8.0_131\bin\java" ...
        number1은 Null이 아닙니다
        0

        Process finished with exit code 0
```

[그림 2.16.1]

그렇다면 값이 null일 때에 수행하는 연산을 정의하려면 어떻게 해야할까? 코틀린에서는 삼항연산자와 비슷하게 "?:" 라는 연산자를 지원한다. 이 연산자는 왼쪽에 있는 값이 null이라면 오른쪽에 정의한 값이 들어가는 연산자이다.

아래의 [코드 2.16.4]를 보자. num1에는 null값이 들어있고, num2에는 10이 들어있다. str1에 값을 초기화해주는 곳을 보면 ?: 연산자의 왼쪽인 num1이 null이기 때문에 str1에는 "Hello!"가 들어가게 된다.

또한 str2에 값을 초기화하는 곳을 보면 ?: 연산자 왼쪽의 num2는 값이 있기 때문에 그대로 str2에는 "10"이 들어가게 된다.

마지막 출력에는 그래서 "Hello! 10"이 출력된다.

```
fun main(args:Array<String>) {
    val num1:Int? = null
    val num2:Int? = 10

    val str1 = num1?.toString() ?: "Hello!"
    val str2 = num2?.toString() ?: "World!"

    println("$str1 $str2")
}
```

[코드 2.16.4] ?: 연산자

[그림 2.16.2]

이 "?:" 연산자를 이용해 여러 가지 작업을 수행할 수 있다. 이전에 본 값이 null이 아닐 때에 연산하는 let 구문이 있는 반면 값이 null일 때에 수행하는 let 구문을 정의할 수도 있다.

[코드 2.16.5]의 NullCheckExam 클래스에서 nullCheck 메소드 안을 보자. 멤버변수 str1이 null이라면 let 구문으로 수행할 구문들을 정의한다. 또한 지역변수 str2도 null인지 체크해서 let으로 출력구문을 정의했다. nullCheck를 호출하면 str1은 null값이 맞으므로 "str1은 null 입니다."가 출력되고, str2는 null이 아니므로 let 구문이 실행되지 않아 출력이 되질 않는다.

코드의 출력결과는 [그림 2.16.3]과 같다.

```kotlin
class nullCheckExam {
    var str1:String? = null

    fun nullCheck() {
        var str2:String? = "ABCD"

        str1 ?: let {
            println("str1은 null 입니다.")
        }

        str2 ?: let {
            println("str2는 null 입니다.")
        }
    }
}

fun main(args:Array<String>) {
    val exam = nullCheckExam()
    exam.nullCheck()
}
```

[코드 2.16.5]

[그림 2.16.3]

또한 "?:" 연산자로 값을 검사하여 null일 경우 메소드를 리턴하거나 break나 continue의 흐름제어도 가능하다. [코드 2.17.6]을 보자.

NullCheckExam2 클래스는 싱글톤 형식으로 정의했다. nullCheckReturn 메소드를 보면 str이 null인지를 검사하여 null이라면 그냥 리턴하고, 값이 있다면 그것을 출력하는 메소드이다. main함수에서 처음에 null을 넘겼을 경우에는 값을 출력하지 않고 바로 메소드가 종료될 것이다.

하지만 두 번째에 "Hello World!"를 넘겼을 때에는 매개변수인 str이 null이 아니므로 "Hello World!"를 출력하고 메소드가 종료된다. 그리고 nullCheckBreak 메소드를 보면 배열을 받아 그 요소들을 순서대로 출력하는데 요소가 값이 null이라면 반복을 종료하는 예제이다.

우리가 main 함수에서 정의한 배열에는 "A"와 "B" 다음에 null이므로 이 배열을 nullCheckBreak 메소드로 넘겼을 경우에 "A"와 "B"만 출력하고 종료될 것이다.

코드의 출력결과는 [그림 2.16.4]과 같다.

```kotlin
object NullCheckExam2 {
    fun nullCheckReturn(str:String?) {
        str ?: return
        println(str)
    }

    fun nullCheckBreak(arr: Array<String?>) {
        for(i in arr) {
            i ?: break
            println(i)
        }
    }
}

fun main(args:Array<String>) {
    NullCheckExam2.nullCheckReturn(null)
    NullCheckExam2.nullCheckReturn("Hello World!")

    val arr = arrayOf("A", "B", null, "C", "D")
    NullCheckExam2.nullCheckBreak(arr)
}
```

[코드 2.16.6]

```
Run  chapter2_2_16_NullCheckExam6Kt
    "C:\Program Files\Java\jdk1.8.0_131\bin\java" ...
    Hello World!
    A
    B

    Process finished with exit code 0
```

[그림 2.16.4]

17 코루틴

코루틴

코루틴(Coroutine)은 1.1 버전에 코틀린에 새로 추가된 기능이다. 아직 안정화가 되지 않았기 때문에 코틀린 공식홈페이지에서도 코루틴은 실험적이고 1.2버전 릴리즈 때 API가 변경될 가능성이 있다고 명시되어있다.

코루틴을 사용하면 메인스레드를 블로킹하지 않는 실제로는 비동기적인 코드를 동기적인 코드처럼 작성할 수 있다. 또한 코틀린의 코루틴은 컴파일에 의해 구현되었으므로 가상머신이나 OS를 사용하지 않는다. 코틀린 1.1에 추가된 코루틴을 사용하는 방법은 buildSequence와 buildIterator가 있는데 이번 장에서는 buildSequence를 사용한 방법을 알아보겠다.

[코드 2.17.1]을 보자. buildSequence 함수로 코드블록 내에 무한루프를 만들었다. 또한 무한루프를 돌며 num을 yield 리턴하고, num의 값을 2씩 늘려주었다. 그리고 main함수에서 이를 호출하였는데 take를 사용하면 쉽게 말해 5번 리턴할 때까지 돌린다는 뜻이다. 즉 5번 리턴한 값을 모았으므로 값은 0, 2, 4, 6, 8이 출력된다.

만약 take에 2를 넣었다면 0, 2만 출력될 것이다.

코드의 출력결과는 [그림 2.17.1]과 같다.

```kotlin
import kotlin.coroutines.experimental.buildSequence

fun main(args: Array<String>) {
    val seq = buildSequence {
        var num = 0

        while(true) {
            yield(num)
            num += 2
        }
    }

    seq.take(5).forEach {
        println(it)
    }
}
```

[코드 2.17.1]

[그림 2.17.1]

만약 한번에 여러 값을 리턴하고 싶다면 yieldAll을 사용하면 된다. [코드 2.17.2]를 보자. 루프를 돌 때마다 한 번에 num부터 num+2까지 값을 총 3개씩 리턴해줬다.

먼저 이 코드의 결과를 말해주자면 [0, 1, 2, 2, 3, 4, 4, 5, 6] 이다. take는 리턴한 값을 받을 개수라고 했었다. 이는 yieldAll에도 적용된다. 그래서 첫 번째 루프에 [0, 1, 2] 가 리턴되고, 두 번째 루프엔 [2, 3, 4], 세 번째 루프엔 [4, 5, 6]이 리턴되어 이가 취합된 결과가 출력결과다. 짝을 맞춰주기 위해 take에도 9를 넣은 것이다. 만약 11을 넣었다면 [6, 7]이 추가로 리턴되어 [0, 1, 2, 2, 3, 4, 4, 5, 6, 6, 7] 이 리턴되었을 것이다.

또한 시퀀스의 결과는 리스트로 변환할 수 있다. 그래서 이를 출력했다.

```kotlin
fun main(args: Array<String>) {
    val seq = buildSequence {
        var num = 0

        while (true) {
            yieldAll(num..num+2)
            num += 2
        }
    }

    val list = seq.take(9).toList()
    println(list)
}
```

[코드 2.17.2]

[그림 2.17.2]

take를 거치지 않고 buildSequence의 모든 코드블록이 끝난 결과를 리턴받을 수도 있다.

[코드 2.17.3]을 보자. take를 사용하지 않고 바로 toList()를 사용하였다. 이는 bui;dSequence의 코드블록이 끝이 있는 구문이기에 가능했다. 만약 [코드 2.17.1]과 [코드 2.17.2]와 같이 무한루프가 있는 코루틴에 이렇게 한다면 무한루프에 빠져버릴 것이다.

추가적으로 [코드 2.17.4]처럼 buildSequence의 결과로 나온 시퀀스에 toList()메소드 뿐만 아니라 forEach 등의 구문도 쓸 수 있다.

[코드 2.17.4]의 출력결과는 [그림 2.17.4]와 같다.

```kotlin
fun main(args: Array<String>) {
    val seq = buildSequence {
        for(i in 0..10 step 2) {
            yield(i)
        }
    }

    val list = seq.toList()
    println(list)
}
```

[코드 2.17.3]

```
Run  chapter2_2_17_KoroutineExam3Kt
    "C:\Program Files\Java\jdk1.8.0_131\bin\java" ...
    [0, 2, 4, 6, 8, 10]

    Process finished with exit code 0
```

[그림 2.17.3]

```kotlin
fun main(args: Array<String>) {
    val seq = buildSequence {
        for (i in 0..10 step 2) {
            yield(i)
        }
    }

    seq.forEach {
        println(it)
    }
}
```

[코드 2.17.4]

[그림 2.17.4]

18 기타 문법들

typealias

이 typealias는 코틀린 1.1에 새로 추가된 문법이다. 이 문법을 통해 클래스에 별칭을 붙여줄 수 있다. 실제로 코틀린에서는 ArrayList, HashMap, HashSet 등의 java.utils 패키지의 Collections를 이 typealias를 통해 import없이 바로 사용할 수 있도록 구현되어있다.

[코드 2.18.1]을 보자. typealias 키워드를 통해 ArrayList<String>에 StringArrayList라는 별칭을 붙여주었다. 그리고 이 별칭을 통해 객체를 생성하고 사용해보았다.

코드의 실행결과는 [코드 2.18.1]과 같다.

```kotlin
typealias StringArrayList = ArrayList<String>

fun main(args: Array<String>) {
    var strArrayList = StringArrayList()

    strArrayList.add("Hi")
    strArrayList.add("Hello")

    println(strArrayList)
}
```

[코드 2.18.1]

```
Run  chapter2_2_18_TypeAliasExamKt
     "C:\Program Files\Java\jdk1.8.0_144\bin\java" ...
     [Hi, Hello]

     Process finished with exit code 0
```

[그림 2.18.1]

멤버참조 연산자

1.1버전부터 자바처럼 :: 연산자를 이용해 람다 대신 멤버참조를 할 수 있다.

[코드 2.18.2]를 보자. Filter에는 인자가 10보다 큰지 여부를 가려주는 메소드가 있다. 그리고 main함수에서 숫자 리스트를 생성하고 이를 filter를 사용하여 10보다 큰 값만 추려내려한다.

여기서 Filter 객체의 over10 메소드를 멤버참조로 넘겼다. filter의 인자는 1개뿐이므로 그 1개뿐인 인자가 over10 메소드의 인자로 자동으로 넘어간다. 그리고 over10 메소드는 그 값이 10보다 큰지 검사하여 Boolean 형태로 리턴한다. 이를 바탕으로 요소들을 걸러내게 되고 newList에는 [15, 20, 25, 30]이 들어가게 된다.

```kotlin
class Filter {
    fun over10(i:Int) = i > 10
}

fun main(args: Array<String>) {
    var filter = Filter()
    var list = listOf(0, 5, 10, 15, 20, 25, 30)

    var newList = list.filter( filter::over10 )
    println(newList)
}
```

[코드 2.18.2]

[그림 2.18.2]

NOTE

PART
3
—

KOTLIN*
API

코틀린에서 유용하게 사용할 수 있는 자료구조와 함수들을 알아봅니다.

01 Collections

List

코틀린의 List는 기본적으로 읽기전용이며 수정이 되질 않는다. 기본적인 리스트를 정의하는 방법은 아래의 [코드 3.1.1]과 같다.

첫 번째 방법은 List 객체를 생성하는 방식으로 하면 된다. 첫 번째 인자는 리스트의 사이즈이며 두 번째는 리스트의 값을 초기화하는 람다식이다. 사이즈가 5이므로 0,1,2,3,4가 각각 람다의 매개변수 i로 전달되고, i의 인덱스에 해당하는 값은 i+i의 값으로 초기화된다. 즉 list1에는 [0, 2, 4, 6, 8]이 초기화된다.

두 번째 방법으로는 listOf 함수를 이용하는 것이다. listOf 함수에 list에 넣을 요소들을 인자로 넣어주면 된다. list2에는 [0, 1, 2, 3, 4]가 들어가게 된다.

[코드 3.1.1]의 실행결과는 [그림 3.1.1]과 같다.

```kotlin
fun main(args:Array<String>) {
    var list1 = List(5, {i -> i+i})
    println(list1)

    var list2 = listOf(0, 1, 2, 3, 4)
    println(list2)
}
```

[코드 3.1.1]

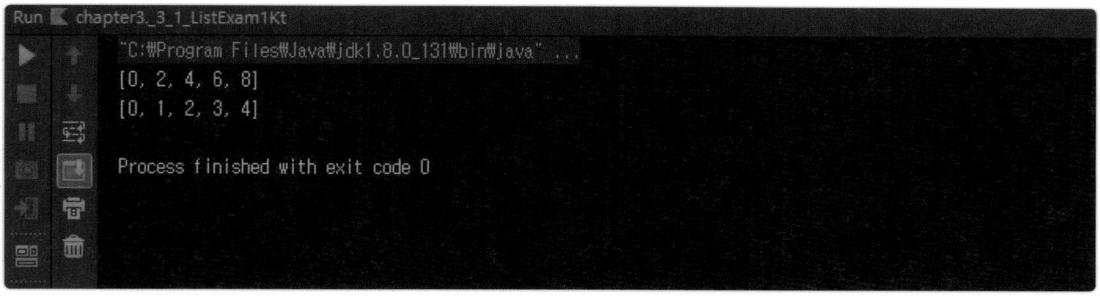

```
"C:\Program Files\Java\jdk1.8.0_131\bin\java" ...
[0, 2, 4, 6, 8]
[0, 1, 2, 3, 4]

Process finished with exit code 0
```

[그림 3.1.1]

또한 리스트는 자바에서와 같이 get() 메소드를 통하지 않고도 배열처럼 대괄호를 통해 요소에 접근이 가능하다. 아래의 [코드 3.1.2]를 보면 for문 안에서 list[idx]의 형식으로 배열의 요소에 접근하는 것을 볼 수 있다.

[그림 3.1.2]와 같이 모든 요소가 순서에 맞게 출력된 것을 볼 수 있다.

```kotlin
fun main(args:Array<String>) {
    var list = listOf("A", "B", "C", "D", "E")

    for(idx in 0..(list.size-1)) {
        println(list[idx])
    }
}
```

[코드 3.1.2]

[그림 3.1.2]

그렇다면 수정이 가능한 리스트를 만들려면 어떻게 해야할까? 답은 ArrayList를 사용하면 된다. ArrayList를 선언하는 방법도 List와 마찬가지로 두 가지가 있다.

[코드 3.1.3]을 보자. ArrayList 클래스의 생성자로 객체를 만들 수 있다. 이 ArrayList는 java.util.ArrayList 이지만 따로 import를 해주지 않아도 된다. 코틀린 1.1버전에서 추가된 typealias로 코틀린의 collections 패키지에 따로 공유됬기 때문이다. 객체를 생성한 이후는 자바와 똑같이 add 메소드로 추가할 수 있다. list1 에는 [0, 1]이 들어갔다.

그리고 두 번째로 arrayListOf 함수를 사용하는 것이다. 사용법은 List와 동일하다. 또한 대괄호로 요소에 접근할 수 있다. 다만 배열과 똑같이 대괄호로 접근하는 것은 리스트의 사이즈 내에서만 접근이 가능하다. 만약 그 리스트의 영역을 벗어난 곳에 접근하려 한다면 IndexOutOfBoundException이 발생한다. list2에는 [10, 1, 2, 3, 4, 20]의 요소가 들어가게 된다.

[그림 3.1.3]을 보면 실행결과를 확인할 수 있다.

```
fun main(args:Array<String>) {
    var list1 = ArrayList<Int>()
    list1.add(0)
    list1.add(1)
    println(list1)

    var list2 = arrayListOf(0, 1, 2, 3, 4)
    list2[0] = 10
    list2.add(20)
    println(list2)
}
```

[코드 3.1.3]

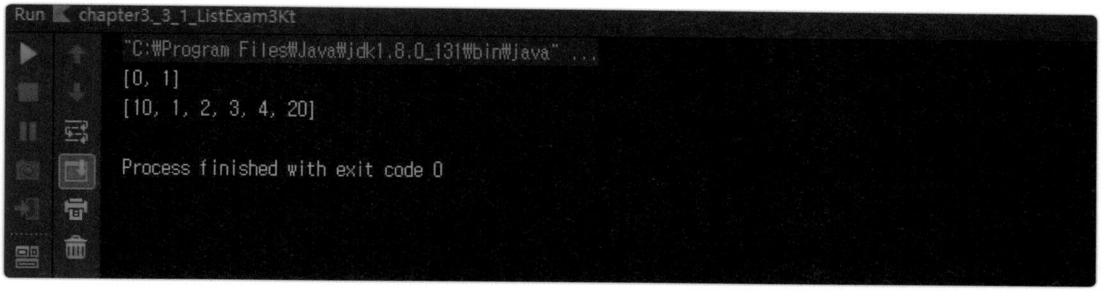

[그림 3.1.3]

또한 코틀린에서는 자바와 다르게 stream()이나 parallelStream()을 호출하지 않고도 filter, map, sort 등의
스트림 연산을 할 수 있다.

[코드 3.1.4]를 보자. filter 메소드로 2보다 큰 수만 남겼다. 이 때 남은 요소들은 [3, 4, 5]이다. 그리고 모든
요소에 1을 더해주었다. 그러면 요소들은 [4, 5, 6]이 된다.

그 다음에 내림차순으로 정렬시켰다. 정렬할 때 요소의 값 그대로를 정렬의 기준으로 설정하였다. 최종적으로
[코드 3.1.4]의 출력은 [그림 3.1.4]와 같이 [6, 5, 4]가 출력된다.

```
fun main(args:Array<String>) {
    var list = arrayListOf(0, 1, 2, 3, 4, 5)

    var newList = list.filter { it > 2 }
            .map { it + 1 }
            .sortedByDescending { it }

    println(newList)
}
```

[코드 3.1.4]

[그림 3.1.4]

Map

Map 역시 수정이 불가능한 Map과 수정이 가능한 HashMap이 있다. 먼저 수정이 불가능한 일반 Map은 아래의 [코드 3.1.5]와 같이 생성하고 사용할 수 있다.

mapOf 메소드는 Pair라는 타입의 가변인자를 받는다. Pair는 말 그대로 키,값 쌍으로 첫 번째 인자가 키, 두 번째 인자가 값이다. 이렇게 키,값 쌍의 여러 인자를 넣어 map을 생성할 수 있다.

또한 이는 리스트와 비슷하게 대괄호로 [키] 형식으로 요소에 접근을 할 수 있다. [코드 3.1.5]같은 경우는 mapOf 함수에 넣은 순서대로 값들이 출력된다.

실행결과는 [그림 3.1.5]와 같다.

```kotlin
fun main(args:Array<String>) {
    var map = mapOf(Pair("A", "Joongsoo"),
            Pair("B", "Younghwan"),
            Pair("C", "Minji"))

    println(map["A"])
    println(map["B"])
    println(map["C"])
}
```

[코드 3.1.5]

[그림 3.1.5]

수정이 가능한 Map은 java.uitl.HashMap 클래스를 이용한다. 이 역시 typealias를 사용하여 import없이 바로 사용할 수 있다.

[코드 3.1.6]를 보자. HashMap 객체를 생성한 다음, 여기서는 리스트와 다르게 대괄호로 존재하지 않는 키의 요소에도 값을 부여할 수 있다. 동일한 내용의 자바코드인 [코드 3.1.7]처럼 자바에서 HashMap을 사용하는 것에 비해 많이 보기 좋아졌다.

또한 [코드 3.1.8]처럼 HashMap 객체를 사용하는 대신 hashMapOf() 메소드를 사용해서도 HashMap을 생성할 수 있다.

이 코드들은 [코드 3.1.5]와 동일한 동작을 하므로 실행결과는 모두 [그림 3.1.5]와 같은 내용이 출력된다.

```kotlin
fun main(args:Array<String>) {
    var map = HashMap<String, String>()

    map["A"] = "Joongsoo"
    map["B"] = "Younghwan"
    map["C"] = "Minji"

    println(map["A"])
    println(map["B"])
    println(map["C"])
}
```

[코드 3.1.6] HashMap

```java
import java.util.HashMap;

public class HashMapTest {
    public static void main(String[] args) {
        HashMap<String, String> map = new HashMap<>();

        map.put("A", "Joongsoo");
        map.put("B", "Younghwan");
        map.put("C", "Minji");

        System.out.println(map.get("A"));
        System.out.println(map.get("B"));
        System.out.println(map.get("C"));
    }
}
```

[코드 3.1.7] HashMap 사용 (자바)

```
fun main(args:Array<String>) {
    var map = hashMapOf<String, String>()

    map["A"] = "Joongsoo"
    map["B"] = "Younghwan"
    map["C"] = "Minji"

    println(map["A"])
    println(map["B"])
    println(map["C"])
}
```

[코드 3.1.8] 또 다른 HashMap 생성 방법

Map 또한 바로 stream 연산을 할 수 있다.

[코드 3.1.9]를 보자. 값이 Y 혹은 M으로 시작하는 요소만 골라내었고, 이를 forEach 연산을 통해 값만 출력시켰다.

이 코드의 결과는 [그림 3.1.6]과 같이 Younghwan과 Minji가 출력된다.

```
fun main(args:Array<String>) {
    var map = hashMapOf<String, String>()

    map["A"] = "Joongsoo"
    map["B"] = "Younghwan"
    map["C"] = "Minji"

    map.filter { it.value.startsWith("Y") || it.value.startsWith("M") }
        .forEach { _, v -> println(v) }
}
```

[코드 3.1.9]

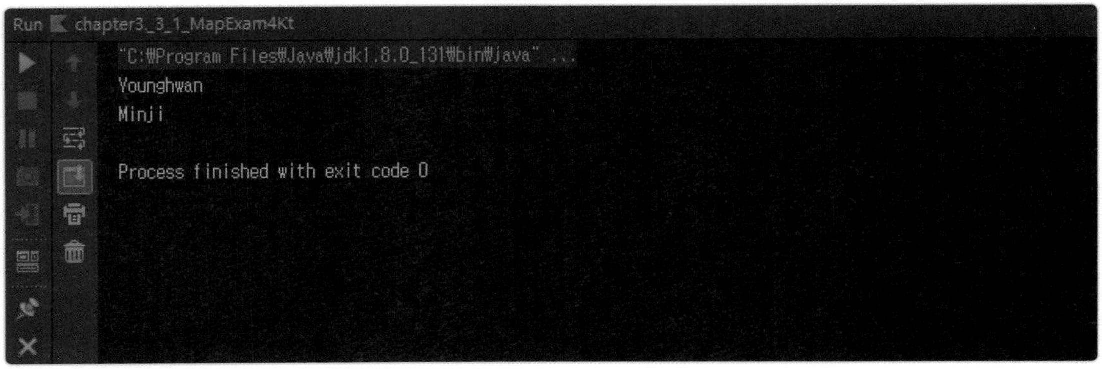

```
Run   chapter3_3_1_MapExam4Kt
    "C:\Program Files\Java\jdk1.8.0_131\bin\java" ...
    Younghwan
    Minji

    Process finished with exit code 0
```

[그림 3.1.6]

Range

Range는 숫자나 문자의 범위를 나타낼 때 사용된다. 이를 객체로 선언할 때에는 아래의 [코드 3.1.10]와 같다. 대표적으로 Int, Char, Long의 Range가 있다. 이는 특정 명시된 범위를 나타내며 코드에서 반복문으로 명시된 범위만큼의 숫자와 문자를 순서대로 출력할 수 있다.

예제의 실행결과는 [그림 3.1.7]과 같이 명시된 범위의 값들이 전부 순서대로 출력된다.

```kotlin
fun main(args:Array<String>) {
    var intRange = IntRange(0, 10)
    var charRange = CharRange('a', 'e')
    var longRange = LongRange(11, 20)

    for(i in intRange)
        println(i)

    for(i in charRange)
        println(i)

    for(i in longRange)
        println(i)
}
```

[코드 3.1.10]

[그림 3.1.7]

보통은 저렇게 표현하지 않고 [코드 3.1.11]처럼 코틀린에서 지원하는 Range 문법을 사용한다. 시작..끝 의 문법으로 표현한다.

[코드 3.1.11]의 실행결과는 [그림 3.1.8]과 같이 역시 명시된 범위들이 순서대로 모두 출력된다.

```
fun main(args:Array<String>) {
    var intRange = 0..10
    var charRange = 'a'..'e'

    for(i in intRange)
        println(i)

    for(i in charRange)
        println(i)

    for(i in 0..4)
        println(i)
}
```

[코드 3.1.11]

[그림 3.1.8]

Range 또한 stream 연산이 가능하다.

[코드 3.1.12]는 0부터 50까지의 수를 Range로 정의하고, 2의 배수만 골라낸 다음 다시 20보다 큰 수만 골라내어 숫자를 기준으로 내림차순 정렬시켰다.

이 예제의 실행결과는 [그림 3.1.9]와 같이 [50 48 .... 24, 22]가 출력된다.

```
fun main(args:Array<String>) {
    var list = (0..50).filter { it % 2 == 0 }
            .filter { it > 20 }
            .sortedByDescending { it }

    println(list)
}
```

[코드 3.1.12]

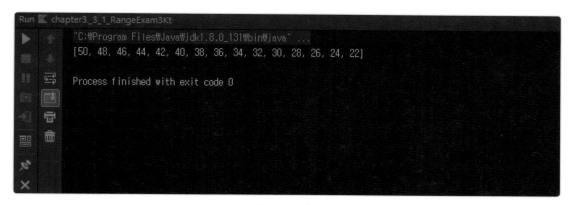

[그림 3.1.9]

02 유용한 함수

With

API에서 with의 형태는 아래와 같다.

```
fun <T, R> with(receiver: T, block: T.() -> R): R
```

with 함수는 인자로 받는 객체를 이후에 열리는 코드블록의 리시버로 전달한다. 이 얘기를 쉽게 말하면 인자로 받는 객체를 this로 사용할 수 있다는 말이다. 또한 코드블록에서 리턴하는 값을 리턴한다.

코드로 확인해보자. 아래의 [코드 3.2.1]을 보자. 객체를 생성하고 이를 with 함수의 인자로 넘겼다. 그리고 with로 시작한 코드블록에서 실제로 testClass의 객체를 this로 사용할 수 있게되었다. 멤버변수인 number의 값을 10 늘려주고, sum 메소드를 클래스 내부에서 사용하는 것처럼 호출하였다. 그리고 이 sum의 리턴값을 리턴해주었다. with는 코드블록의 리턴값을 리턴하므로 main함수의 num에는 30이 들어가게된다.

그래서 출력결과는 [그림 3.2.1]과 같이 30이 출력된다.

```kotlin
class WithTestClass {
    var number = 10

    fun sum(a:Int, b:Int):Int {
        return a+b
    }
}

fun main(args:Array<String>) {
    var testClass = WithTestClass()

    var num = with(testClass) {
        number = number + 10

        sum(10, number)
    }

    println(num)
}
```

[코드 3.2.1]

[그림 3.2.1]

Run

run 함수는 호출하는 방식이 두 가지가 있다. with와 같이 그냥 호출하는 방법과, 객체에서 호출하는 방법이다. 그냥 호출한다면 형식은 아래와 같다. 보는바와 같이 코드블럭이 리턴하는 값을 리턴하고 끝이다. 그냥 익명함수처럼 사용할 수 있다. 또한 값을 리턴하지 않아도 무방하다.

```
fun <R> run(block: () -> R): R
```

[코드 3.2.2]를 보자. 매우 간단하다. 첫 번째는 1과 2를 더한 값을 리턴한다. 그래서 num에는 3이 들어간다. 또한 두 번째 run 구문에서는 변수를 할당하고 이를 출력했다.

이러한 익명함수로 표현하는 run 문법은 묶어서 처리해야할 곳 등에 가독성을 높이기 위해 사용할 수 있다.

```kotlin
fun main(args:Array<String>) {
    var num = run {
        1 +2
    }
    println(num)

    run {
        var a = 10
        println(a)
    }
}
```

[코드 3.2.2]

```
"C:\Program Files\Java\jdk1.8.0_131\bin\java" ...
3
10

Process finished with exit code 0
```

[그림 3.2.2]

또한 객체에서 호출하는 방식의 run 함수의 형태는 아래와 같다.

```
fun <T, R> T.run(block: T.() -> R): R
```

이는 with과 마찬가지로 자신을 호출하는 객체를 this처럼 사용할 수 있다. 또한 코드블럭에서 리턴하는 값을 리턴한다.

[코드 3.2.3]을 보자. with와 비슷한 예제이다. run 함수의 코드블록 내를 보면 testObj의 멤버변수인 number 의 값을 늘려주고 sum함수를 호출하여 리턴받은 값을 리턴했다. 그래서 num에는 50이 들어가고 이가 출력된다. with함수와 기능은 완전 동일하다. 다만 다른 점은 객체에서 직접 호출하느냐, 혹은 객체가 함수의 인자로 들어가느냐의 차이이다.

이 코드의 출력결과는 [그림 3.2.3]과 같이 50이 출력된다.

```
class RunTestClass {
    var number = 10

    fun sum(a:Int, b:Int):Int {
        return a+b
    }
}

fun main(args:Array<String>) {
    var testObj = RunTestClass()

    var num = testObj.run {
        number += 20

        sum(number, 20)
    }

    println(num)
}
```

[코드 3.2.3]

```
Run  chapter3_3_2_RunExam2Kt
    "C:\Program Files\Java\jdk1.8.0_131\bin\java" ...
    50

    Process finished with exit code 0
```

[그림 3.2.3]

Run

apply의 형태는 아래와 같다.

```
fun <T> T.apply(block: T.() -> Unit): T
```

자신을 호출하는 객체를 코드블록의 리시버로 전달하고, 자신을 호출한 객체를 리턴한다. 이 역시 자신을
호출한 객체를 this로 사용할 수 있게 해주는 것은 동일하지만 리턴의 형태가 다르다.

[코드 3.2.4]를 보자. Person의 객체를 생성하여 apply 함수를 사용했다. 역시 객체를 this처럼 사용하여 내용을
세팅해준 다음 printMyInfo() 메소드를 호출했다.

실행결과는 [그림 3.2.4]와 같이 "제 이름은 박중수이고 26 살입니다."가 출력된다. 이처럼 apply 함수는 초기화
코드를 작성할 때 유용하게 작성할 수 있다.

```kotlin
class Person {
    var name = ""
    var age = 0

    fun printMyInfo() {
        println("제 이름은 ${name}이고 ${age} 살입니다.")
    }
}

fun main(args:Array<String>) {
    var person = Person()

    person.apply {
        name = "박중수"
        age = 26
    }.printMyInfo()
}
```

[코드 3.2.4]

[그림 3.2.4]

안드로이드[*]
개발준비

안드로이드의 개발환경을 설치하는 방법을 알아본 후, 코틀린으로 안드로이드를 개발하기 위한 환경을 세팅합니다.
그리고 간단한 예제 어플리케이션을 자바와 코틀린으로 동시에 작성해봄으로써 자바와의 차이점을 알아봅시다.

01 안드로이드 스튜디오 설치하기

안드로이드 스튜디오 설치

안드로이드 스튜디오를 설치하기에 앞서 아직까지 정식버전 안드로이드 스튜디오에서는 코틀린을 지원하고 있진 않다. 별도로 코틀린 플러그인을 설치해야한다.

코틀린이 안드로이드 공식 언어로 지정되었지만 아직 안드로이드 스튜디오 3.0이 정식으로 업데이트 되지 않아 정식버전에서는 코틀린 공식 지원을 맛볼 수 없다.

다만 구글에서는 3.0 프리뷰 버전을 다운받아서 체험해볼 수 있게 지원하고 있다. 공식지원되는 안드로이드 스튜디오를 사용해보고 싶은 독자는 아래의 링크에서 다운받아서 사용해볼 수 있다.

https://developer.android.com/studio/preview/index.html

이 책에서는 정식버전 안드로이드 스튜디오에 코틀린 플러그인을 설치해서 사용한다. IntelliJ Idea IDE에서도 안드로이드 개발이 가능하지만 안드로이드 개발자에게 제일 익숙한 안드로이드 스튜디오를 사용하기로 했다.

안드로이드 스튜디오는 아래의 링크에서 설치할 수 있다.

https://developer.android.com/studio/index.html

이 링크를 실행하면 [그림 4.1.1]과 같은 화면이 뜬다. 그럼 그림에서 보다시피 다운로드 버튼이 바로 보인다. 이 다운로드 버튼을 클릭하여 다운로드하고 실행시키면 된다.

[그림 4.1.1]

실행하면 [그림 4.1.2] ~ [그림 4.1.6]과 같은 설치화면이 뜬다. 별 다른 설정을 바꿀 일이 없는 경우 그림과 같이 쭉 Next만 눌러주면 설치가 완료된다.

[그림 4.1.2] 설치 초기화면

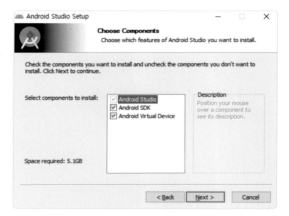

[그림 4.1.3] 설치할 내용 선택

[그림 4.1.4] 사용 라이센스 동의

[그림 4.1.5] 설치 경로 지정

[그림 4.1.6] 시작메뉴 설정

안드로이드 스튜디오 실행 및 설정

설치를 끝내고 안드로이드 스튜디오를 실행하면 [그림 4.1.7]과 같이 기존의 설정을 불러올 것인지 물어보는 대화창이 뜬다.

우리는 새로 설치한 것이기 때문에 설정을 가져오지 않겠다는 아래의 라디오버튼을 클릭하고 OK를 눌러준다.

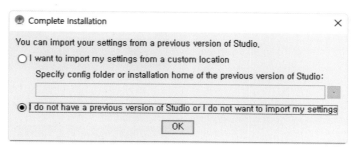

[그림 4.1.7]

이제 안드로이드 스튜디오에 대한 설정을 하는 창이 실행된다. 맨 처음에 뜨는 [그림 4.1.8] 창은 안내창이다. Next를 클릭한다.

[그림 4.1.8]

그리고 [그림 4.1.9]의 다음 창은 기본 설정을 따를 것인지, 혹은 직접 설정할 것인지 선택하는 창이다. 우리는 검은 테마로 진행할 것이므로 Custom을 선택하고 Next를 클릭해준다.

[그림 4.1.9]

[그림 4.1.10]은 UI의 테마를 정하는 화면이다. 필자는 검은 테마를 주로 사용하므로 검은색 테마를 선택하였다. 이 책을 진행하는데에는 어떤 테마를 사용해도 상관없으니 원하는 테마를 선택하고 Next를 클릭한다.

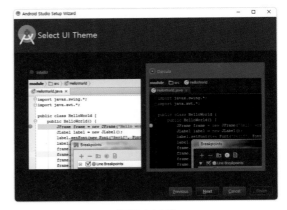

[그림 4.1.10]

[그림 4.1.11]은 추가적으로 설치할 것을 선택하는 창이다. 모두 체크하고 Next를 클릭한다.

[그림 4.1.11]

[그림 4.1.12]는 에뮬레이터에 사용할 램의 용량을 정하는 곳이다. 보통 컴퓨터의 사양에 맞춰 추천을 해준다. 여기서는 추천된 값에 맞춰 진행을 하였다.

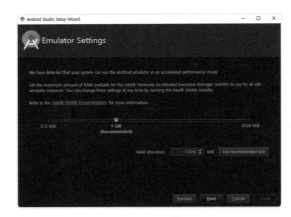

[그림 4.1.12]

[그림 4.1.13]은 세팅을 확인하는 곳이다. Finish를 눌러주면 필요한 것들을 다운받고 설치한 후에 세팅이 완료된다.

[그림 4.1.13]

세팅이 완료된 후 안드로이드 스튜디오를 실행하면 [그림 4.1.14]와 같은 초기화면이 뜬다. 다음 장에서는 프로젝트를 생성하고, 코틀린을 사용할 수 있도록 플러그인을 설치하고 코틀린 설정을 해보도록 하겠다.

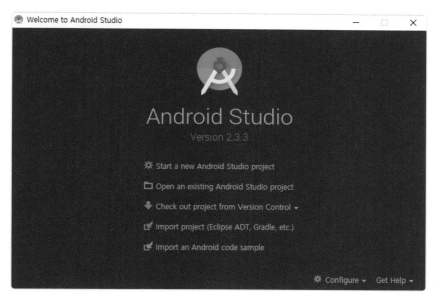

[그림 4.1.14]

02 프로젝트 생성 및 플러그인 설치

프로젝트 생성

안드로이드 스튜디오를 처음 실행하면 [그림 4.2.1]과 같은 화면이 나온다. 제일 위쪽의 Start a new Android Studio project를 클릭한다.

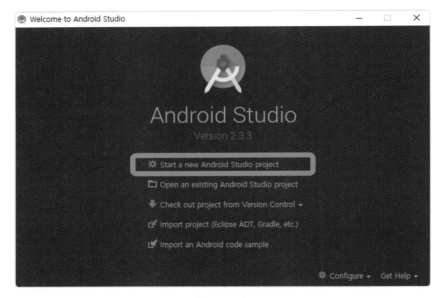

[그림 4.2.1]

[그림 4.2.2]와 같이 프로젝트 이름을 세팅하는 창이 나온다. 우리는 프로젝트명을 KotlinAndroid로 하겠다. 그리고 아래의 도메인은 원래 회사의 도메인을 넣는 곳이지만 기본 도메인으로 해도 상관없다.

제일 아래는 프로젝트의 경로를 설정하는 곳인데 프로젝트 경로를 다른 디렉토리로 하고 싶다면 이 곳에서 경로를 지정해주면 된다.

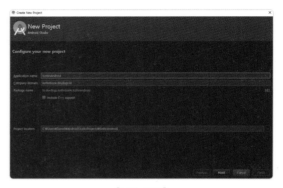

[그림 4.2.2]

다음은 [그림 4.2.3]과 같이 프로젝트를 적용할 디바이스와 API 버전을 설정해주는 곳이다. 우리는 테스트용 프로젝트이므로 디바이스와 버전을 설정할 필요가 없다. 바로 Next를 눌러주어도 괜찮다.

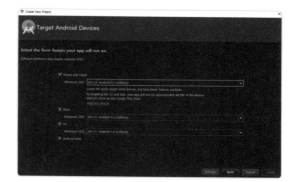

[그림 4.2.3]

그리고 [그림 4.2.4]와 같이 액티비티의 타입을 지정하는 화면이다. 우리는 비어있는 액티비티를 사용할 것이므로 Empty Activity를 선택하고 Next를 클릭한다.

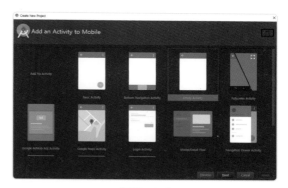

[그림 4.2.4]

마지막으로 [그림 4.2.5]를 보면 메인으로 사용할 액티비티의 이름과 레이아웃 파일의 이름을 설정하는 곳이다. 보통 기본 설정을 따르므로 바로 Finish를 눌러주자.

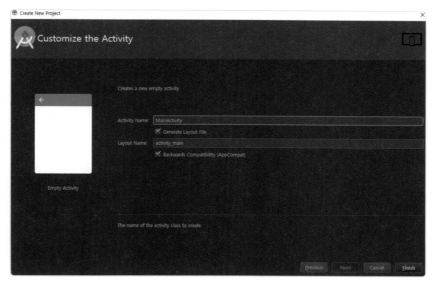

[그림 4.2.5]

Finish를 누른 후 약간 기다리면 프로젝트 설정이 완료되고 [그림 4.2.6]과 같은 IDE 화면이 뜬다. 이제 실제로 개발을 할 수 있는 화면이며 우리는 먼저 플러그인을 설치하고 코틀린 프로젝트 설정을 하도록 하겠다.

[그림 4.2.6]

코틀린 플러그인 설치

코틀린을 안드로이드에 사용하기 위해서는 코틀린 플러그인이 필요하다. [그림 4.2.7]과 같이 메뉴에서 File > Settings 로 들어가자.

[그림 4.2.7]

들어가서 [그림 4.2.8]처럼 왼쪽 메뉴의 Plugins를 클릭하자. 그럼 플러그인 화면이 뜨는데 아래쪽을 보면 "Install JetBrains Plugin"이 있다. 이 버튼을 클릭한다.

[그림 4.2.8]

[그림 4.2.9]처럼 버튼을 클릭하면 나오는 창에서 kotlin을 검색하면 별점이 꽤나 높은 "Kotlin"이라는 플러그인이 있다. 카테고리는 LANGUAGES 이다.

이 플러그인을 선택한 후 오른쪽 화면의 초록색 Install 버튼을 클릭해서 플러그인을 설치하면 된다. Install 버튼을 누르고 약간 후에 Install 버튼이 있던 자리에 [그림 4.2.10]처럼 "Restart Android Studio" 버튼이 생긴다. 이 버튼을 클릭하면 플러그인 검색 창이 닫히고 설치된 플러그인을 볼 수 있는 화면으로 돌아간다.

[그림 4.2.9]

[그림 4.2.10]

설치된 플러그인을 보면 [그림 4.2.11]과 같이 초록색으로 Kotlin 플러그인이 설치된 것을 볼 수 있다. 이 화면에서도 OK를 눌러 창을 닫아주면 [그림 4.2.12]처럼 안드로이드를 재시작하고 플러그인을 적용할 것이냐는 물음창이 뜬다.

Restart 버튼을 누르면 안드로이드 스튜디오가 종료되고 자동으로 재시작되며 코틀린 플러그인이 적용된다. 이제 안드로이드 스튜디오에서 코틀린을 사용할 수 있다.

[그림 4.2.11]

[그림 4.2.12]

코틀린 프로젝트 세팅

이제 안드로이드 스튜디오에서 코틀린을 사용할 수 있지만 프로젝트에서 추가적으로 설정을 해줘야 실제로 사용이 가능하다. 프로젝트에서도 코틀린을 사용할 수 있게 설정해주자.

[그림 4.2.13]과 같이 메뉴에서 Tools > Kotlin > Configure Kotlin in Project를 클릭하면 [그림 4.2.14]와 같이 에디터 영역에 설정방법을 설정하는 작은 창이 뜬다. 여기서 "Android With Gradle" 옵션을 클릭한다.

그러면 [그림 4.2.15]와 같이 코틀린을 적용할 모듈을 선택하는 화면이 뜨는데 여기서 우리는 모든 모듈에 적용할 것이므로 "All modules"에 체크된 상태 그대로 OK를 클릭한다. 아래쪽에는 코틀린 컴파일러

[그림 4.2.13]

버전을 선택하는 곳인데 이 책을 쓰는 시점에서 최신버전인 1.1.51 버전을 사용했다.

[그림 4.2.14]

[그림 4.2.15]

OK를 누르고 나면 [그림 4.2.16]처럼 gradle 스크립트에 코틀린 관련 설정이 명시되고, 오른쪽 상단의 "Sync Now"를 클릭해주면 코틀린 설정이 적용된다.

[그림 4.2.16]

안드로이드에서 코틀린을 사용할 모든 준비가 완료되었다. 다음 장에서는 MainActivity를 코틀린 코드로 변환해보고 간단한 예제를 통해 자바로 개발하는 것과 문법적으로 어떻게 달라졌는지 비교해보겠다.

03 예제로 보는 자바와의 비교

MainActivity를 코틀린으로 변환

자바로 된 소스를 코틀린으로 변환하는 것은 매우 간단하다. 먼저 안드로이드 스튜디오에서 MainActivity.java 파일을 열자. 그리고 [그림 4.3.1]처럼 메뉴의 Code > Convert Java File to Kotlin File을 클릭한다. 단축키는 Ctrl + Alt + Shft + K 이다.

그럼 MainActivity가 자동으로 [코드 4.3.1]처럼 코틀린 문법으로 바뀌며 파일명도 MainActivity.kt로 변환된다.

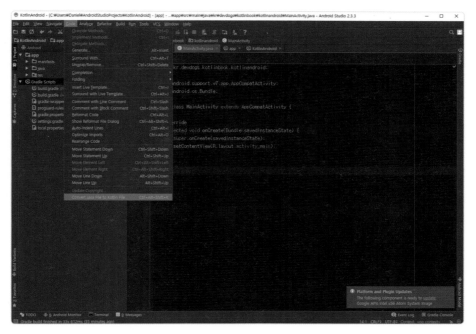

[그림 4.3.1]

```kotlin
class mainActivity : AppCompatActivity() {
    override fun onCreate(savedInstanceState: Bundle?) {
        super.onCreate(savedInstanceState)
        setContentView(R.layout.activity_main)
    }
}
```

[코드 4.3.1]

예제 구현 및 비교

이 장에서 할 예제는 EditText에 사용자가 입력하는 그대로 화면에 출력하는 간단한 어플리케이션을 만들어볼 것이다.

먼저 레이아웃을 만들어보자. res/layout/activity_main.xml 파일을 열어 레이아웃을 만들어보겠다. [코드 4.3.2]를 보자. activity_main.xml의 모든 코드이다. 최상위 레이아웃은 세로 방향의 LinearLayout이며 그 안의 제일 상단에는 사용자가 글씨를 입력할 EditText가 있다. 가로길이는 화면에 전부 채우고 높이는 50dp를 주었다. 그리고 그 아래에는 입력한 문자열을 표시할 TextView가 있다. 이 또한 가로길이는 화면에 꽉 차도록 했고 높이는 200dp를 주었다. EditText와 거리를 두기 위해 marginTop 옵션으로 상단여백 30dp를 주었다.

```xml
<?xml version="1.0" encoding="utf-8"?>
<LinearLayout xmlns:android="http://schemas.android.com/apk/res/android"
    android:orientation="vertical"
    xmlns:tools="http://schemas.android.com/tools"
    android:layout_width="match_parent"
    android:layout_height="match_parent"
    tools:context="kr.devdogs.kotlinbook.kotlinandroid.MainActivity">

        <EditText
            android:id="@+id/edit_txt"
            android:layout_width="match_parent"
            android:layout_height="50dp" />
        <TextView
            android:id="@+id/view_txt"
            android:layout_width="match_parent"
            android:layout_height="200dp"
            android:layout_marginTop="30dp"/>
</LinearLayout>
```

[코드 4.3.2] activity_main.xml

이제 코틀린 액티비티에서 코드로 구현해보자. MainActivity.kt에서 먼저 가져올 뷰에 대한 멤버변수를 정의해주자. [코드 4.3.3]은 코틀린으로 정의한 멤버변수고 [코드 4.3.4]는 자바로 정의한 멤버변수이다. 변수정의 쪽에서는 자바가 조금 더 간결해보인다. 코틀린은 객체 생성시 null값으로 자동 초기화가 되지 않으므로 값을 먼저 직접 초기화시켜주어야 한다.

```kotlin
private var editTxt:EditText? = null
private var viewTxt:TextView? = null
```

[코드 4.3.3] 멤버변수 정의 (코틀린)

```java
private EditText editTxt;
private TextView viewTxt;
```

[코드 4.3.4] 멤버변수 정의 (자바)

그리고 onCreate 메소드에서 뷰를 가져와보자. [코드 4.3.5]는 코틀린으로 가져오는 코드이고, [코드 4.3.6]은 자바에서 가져오는 코드이다.

괄호로 형변환을 해주는 것보다 as 키워드로 형변환을 해주는 것이 조금 더 직관적이다.

```kotlin
editTxt = findViewById(R.id.edit_txt) as EditText
viewTxt = findViewById(R.id.view_txt) as TextView
```

[코드 4.3.5] 뷰 가져오기 (코틀린)

```java
editTxt = (EditText) findViewById(R.id.edit_txt);
viewTxt = (TextView) findViewById(R.id.view_txt);
```

[코드 4.3.6] 뷰 가져오기 (자바)

마지막으로 EditText에 글을 입력할 시 그대로 TextView에 보여지도록 키 입력 이벤트를 걸어주겠다. [코드 4.3.7]은 코틀린으로 키 입력 이벤트를 걸어주는 코드이고 [코드 4.3.8]은 자바로 키 입력 이벤트를 걸어주는 코드이다.

딱 봐도 코틀린이 훨씬 간결한 것을 볼 수 있다. 자바에서는 최소지원 API레벨의 영향으로 현재로써는 람다를 사용하기에 무리가 있다. 그래서 익명 클래스를 사용해야하는데 이는 너무 쓸모없는 표기들이 많기에 복잡함을 유발한다. 또한 자바 람다를 사용한다 하더라도 코틀린의 문법이 아주 약간 더 간결하다.

또한 이 코드에서는 view 요소들이 Null이 아님을 보장되긴 하지만 코틀린은 간결한 와중에도 물음표 표시를 통해 NullPointerException에 안전하게 대응했다.

```kotlin
editTxt?.setOnKeyListener { _, _, _ ->
    viewTxt?.text = editTxt?.text.toString()
    false
}
```

[코드 4.3.7] 키 입력 이벤트 (코틀린)

```java
editTxt.setOnKeyListener(new View.OnKeyListener() {
    @Override
    public boolean onKey(View v, int keyCode, KeyEvent event) {
        viewTxt.setText(editTxt.getText().toString());
        return false;
    }
});
```

[코드 4.3.8] 키 입력 이벤트 (자바)

예제가 완료되었고 실행해서 테스트해보자. [그림 4.3.2]처럼 잘 동작할 것이다.

[그림 4.3.2]

전체 코틀린과 자바코드를 첨부한다. 짧은 코드지만 전체적으로 비교해보자.

```kotlin
package kr.devdogs.kotlinbook.kotlinandroid

import android.support.v7.app.AppCompatActivity
import android.os.Bundle
import android.widget.EditText
import android.widget.TextView

class MainActivity : AppCompatActivity() {
    private var editTxt:EditText? = null
    private var viewTxt:TextView? = null

    override fun onCreate(savedInstanceState: Bundle?) {
        super.onCreate(savedInstanceState)
        setContentView(R.layout.activity_main)

        editTxt = findViewById(R.id.edit_txt) as EditText
        viewTxt = findViewById(R.id.view_txt) as TextView

        editTxt?.setOnKeyListener { _, _, _ ->
            viewTxt?.text = editTxt?.text.toString()
            false
        }
    }
}
```

[코드 4.3.9] MainActivity.kt (코틀린)

```java
package kr.devdogs.kotlinbook.javaandroid;

import android.support.v7.app.AppCompatActivity;
import android.os.Bundle;
import android.view.KeyEvent;
import android.view.View;
import android.widget.EditText;
import android.widget.TextView;

public class MainActivity extends AppCompatActivity {
    private EditText editTxt;
    private TextView viewTxt;

    @Override
    protected void onCreate(Bundle savedInstanceState) {
        super.onCreate(savedInstanceState);
        setContentView(R.layout.activity_main);

        editTxt = (EditText) findViewById(R.id.edit_txt);
        viewTxt = (TextView) findViewById(R.id.view_txt);

        editTxt.setOnKeyListener(new View.OnKeyListener() {
            @Override
            public boolean onKey(View v, int keyCode, KeyEvent event) {
                viewTxt.setText(editTxt.getText().toString());
                return false;
            }
        });
    }
}
```

[코드 4.3.10] MainActivity.java (자바)

다음 장에서는 실제로 전화번호부 어플리케이션을 만들어보며 코틀린과 자바의 문법을 비교해보자. 또한 Realm 데이터베이스를 코틀린에서 사용하는 법과 ANKO 라이브러리를 이용해 레이아웃을 코틀린으로 개발하는 방법도 함께 알아볼 것이다.

PART
5

전화번호부*
어플리케이션

전화번호 어플리케이션 예제를 코틀린과 자바로 동시에 개발해 보면서 코틀린게 익숙해짐과 동시에 코틀린의
편리함을 느껴봅시다. 또한 REALM 데이터베이스의 사용법과 코틀린으로 사용하는 방법도 알아봅시다.

또한 Anko 라이브러리를 사용하여 소스코드보다 가독성있고 간결하게 개선해보며
세련된 안드로이드 개발을 해봅시다.

01 프로젝트 개요

개요

코틀린을 연습할 프로젝트로는 전화번호부 프로젝트를 진행해보겠다. 전화번호부는 보편적으로 알고있는 지인들의 연락처를 저장하는 전화번호부이다. 공부하는 방식은 코틀린 코드를 먼저 짜 보고, 자바 코드와 비교하는 방식으로 진행할 것이다.

이 전화번호부 코드는 저자의 Github에서 코틀린버전과 자바버전을 모두 볼 수 있다. 주소는 아래와 같다.

> **코틀린** ⋯ HTTPS://GITHUB.COM/JSDANIELPARK/KOTLINBOOK_PHONEBOOK_KOTLIN
>
> **자바** ⋯ HTTPS://GITHUB.COM/JSDANIELPARK/KOTLINBOOK_PHONEBOOK_JAVA

안드로이드 기본 연락처 어플리케이션을 모티브로 만들것이며 필요로 하는 요구사항은 아래와 같다.

> 1. 지인의 이름, 연락처, 이메일, 사진 저장 및 수정
> 2. 사진은 직접 찍거나 혹은 갤러리에서 가져올 수 있다.
> 3. 저장된 지인의 목록을 볼 수 있으며 원하는 지인을 검색할 수 있다.
> 4. 어플리케이션 내에서 바로 지인에게 전화나 SMS를 발송할 수 있어야 한다.

이에 따라 만들어진 완성본의 화면을 미리 보자면 아래와 같다.

목록화면

[그림 5.1.1]이 초기화면인 목록화면이다. 위부터 보자면 위의 텍스트 입력란은 검색창이다. 이 곳에 글을 입력하면 한 글자 한 글자 입력할 때마다 입력된 문자열로 시작하는 연락처 목록이 자동으로 갱신된다.

또한 그 오른쪽은 연락처 추가 버튼이다. 이를 클릭하면 연락처를 추가하는 액티비티로 이동한다.

아래는 연락처 목록이다. 제일 왼쪽엔 사진, 가운데에는 이름, 그리고 오른쪽의 전화버튼을 입력하면 전화를

걸 수 있는 다이얼 화면으로 넘어간다. 만약 사진이
없다면 기본 사진으로 대체된다.

[그림 5.1.1] 목록화면

추가화면

[그림 5.1.2]는 추가화면이다. 맨 위의 사진을 클릭하면 연락처에 저장할 사진을 가져올 수 있다. 사진은 직접 찍거나 혹은 갤러리에서 가져올 수 있다. 어디서 가져올지는 [그림 5.1.3]처럼 다이얼로그를 띄워 사용자가 선택할 수 있다.

또한 이 어플리케이션에서는 고해상도의 사진이 필요가 없으므로 작은 사이즈로 리사이징하여 저장할 것이다.

그리고 화면의 아래에는 정보를 입력할 수 있는 칸인데 이 곳의 이름, 휴대폰은 필수정보이다. 사진과 이메일은 생략이 가능하지만 나머지를 입력하지 않으면 실패 메시지를 발생시킨다.

[그림 5.1.2]

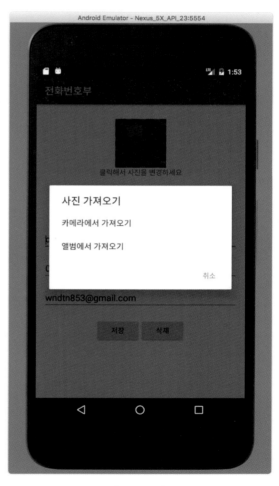

[그림 5.1.3]

수정화면

목록에서 전화버튼이 아닌 사진이나 번호를 클릭하면 수정화면이 뜬다. 기존에 등록한 사진, 이름, 휴대폰번호, 이메일이 뜨고 저장 버튼을 클릭할 시 기존의 정보에 덮어씌워진다.

그리고 사진 아래의 전화버튼을 누르면 메인화면과 같이 해당 번호로 전화를 거는 다이얼 화면으로 넘어가고, 문자버튼을 누르면 해당 연락처로 문자를 보낼 수 있는 화면으로 넘어간다.

또한 삭제 버튼을 누르면 해당 연락처를 삭제한다.

이 화면은 입력 액티비티와 같은 화면이며 추가냐 삭제냐 여부에 따라 전화, 문자버튼과 삭제버튼이 숨어있다가 나타난다.

[그림 5.1.4]

02 코틀린 프로젝트 세팅

▎프로젝트 생성

전화번호부를 만들려면 먼저 프로젝트를 생성해야한다. 안드로이드 스튜디오에서 New Project를 클릭하여 새로운 프로젝트를 생성해보자. 이전 장에서 코틀린 프로젝트를 생성하는 법을 확실히 숙지하였다면 이 프로젝트 생성 부분은 건너뛰어도 된다.

먼저 프로젝트 이름을 정한다. 우리는 전화번호부를 만들 것이므로 Phonebook이라는 이름을 입력했다. 그리고 도메인을 입력해야하는데 나는 본인이 소유한 도메인에 kotlinbook의 하위 프로젝트이므로 kotlin book.devdogs.kr을 입력했다. 그러면 안드로이드 스튜디오에서 자동으로 패키지명을 정해준다. 그리고 Next를 누른다.

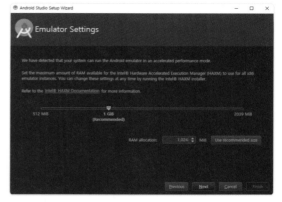

[그림 5.2.1] 프로젝트명 입력

그리고 [그림 5.2.2]의 화면에서 최소한으로 지원할 안드로이드 버전을 선택해야하는데 나는 롤리팝(API 22)를 선택했다. 예제이기도 하고, 롤리팝이 출시된 지가 현재 시점에서 2년 반이 넘었기에 충분한 정도의 기기를 지원할 수 있기 때문이다. 웨어러블이나 TV 는 지원하지 않을 것이기 때문에 체크를 하지 않은 상태로 Next를 눌러 넘어간다.

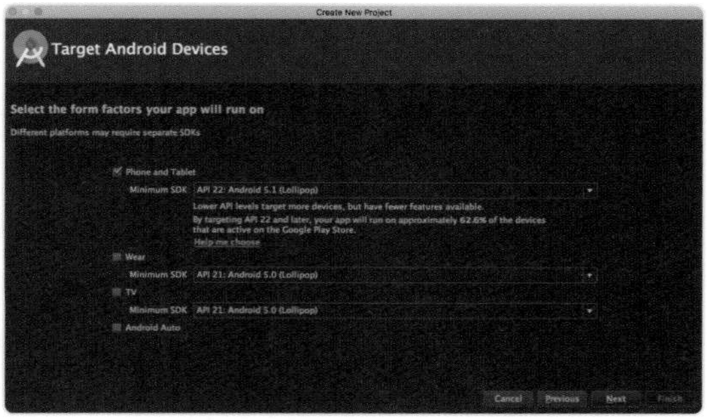

[그림 5.2.2] 버전 지원선택

그리고 기본적으로 사용할 액티비티를 선택한다. 우리는 모든 화면을 구성할 것이기에 Empty Activity를 선택하고 Next를 클릭한다.

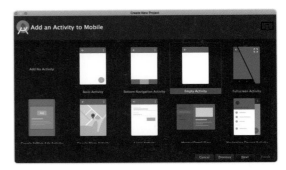

[그림 5.2.3] 사용할 액티비티 선택

그리고 마지막으로 액티비티와 레이아웃 파일의 이름을 지정한다. 우리는 기본적인 내용을 사용할 것이므로 그냥 Finish 버튼을 클릭해주면 된다.

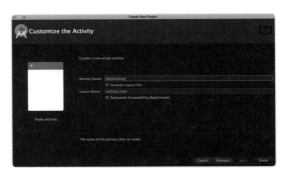

[그림 5.2.4] 액티비티와 레이아웃 이름 변경

완료를 누르면 [그림 5.2.5]와 같이 프로젝트 기본 골격이 만들어졌다.

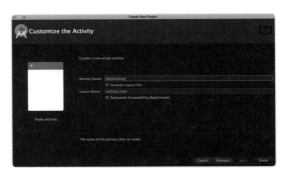

[그림 5.2.5] 프로젝트 메인화면

이제 프로젝트를 코틀린 프로젝트로 변경해주어야 한다. 이전 장에서 한 것처럼 코틀린 설정을 추가해주겠다.

1. [그림 5.2.6]과 같이 오른쪽 상단의 Tools > Kotlin > Configure Kotlin in Project를 선택한다.

2. 그러면 [그림 5.2.7]과 같이 소스쪽의 화면에 선택창이 뜨는데 "Android with Gradle"을 선택한다.

3. 코틀린을 적용할 범위와 코틀린의 버전을 선택하는 화면이 나오는데 [그림 5.2.8]과 같이 그냥 OK를 눌러주면 된다.

4. [그림 5.2.9]처럼 Gradle 스크립트에 코틀린 의존성이 추가되고 우측 상단의 "Sync Now"를 클릭하면 코틀린 프로젝트 설정이 완료된다.

5. 프로젝트 변경을 완료했으니 MainActivity도 코틀린 코드로 변경해줘야 한다. [그림 5.2.10]과 같이 MainActivity를 열고 상단 메뉴에서 Code > Convert Java File to Kotlin File을 선택한다.

6. 바로 MainActivity가 자바 클래스에서 코틀린 클래스로 변경된다. 혹시 잘못 변경한 경우는 Ctrl+Z를 누르면 자바 클래스로 다시 돌아갈 수 있다.

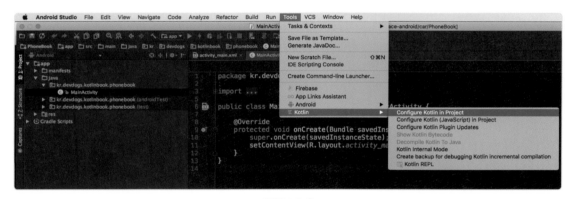

[그림 5.2.6]

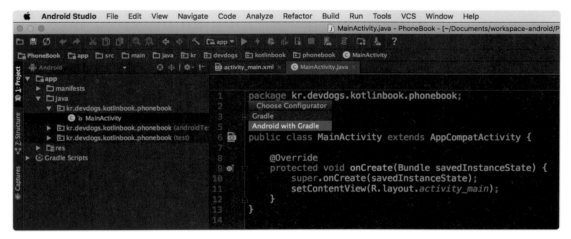

[그림 5.2.7]

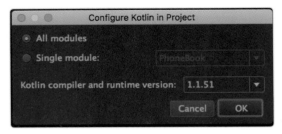

[그림 5.2.8]

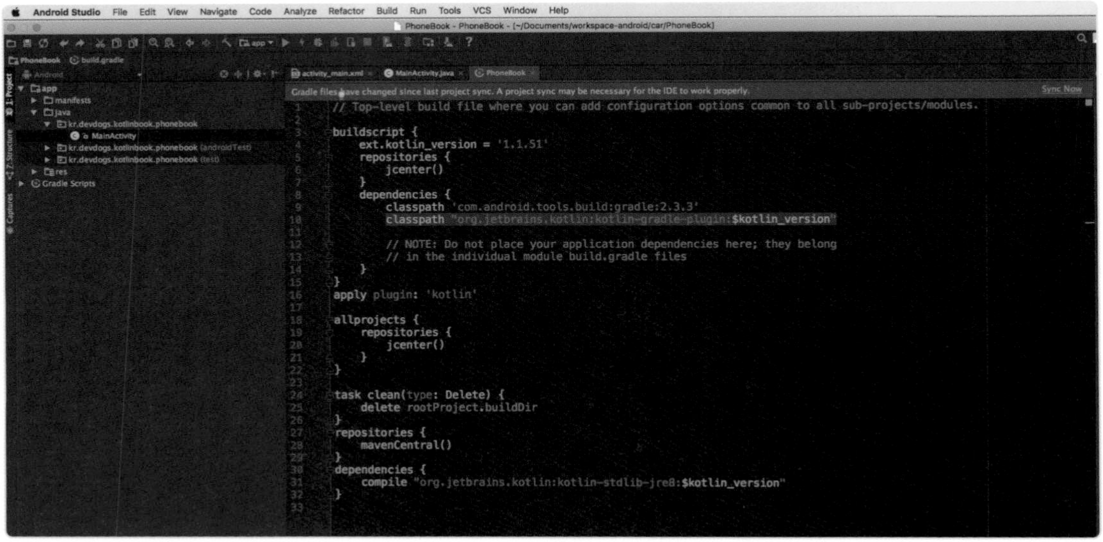

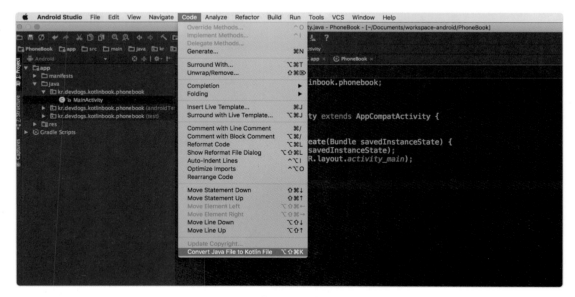

[그림 5.2.9]

[그림 5.2.10]

```
Android Studio   File   Edit   View   Navigate   Code   Analyze   Refactor   Build   Run   Tools   VCS   Window   Help
MainActivity.kt - PhoneBook - [~/Documents/workspace-android/PhoneBook]

package kr.devdogs.kotlinbook.phonebook

import android.support.v7.app.AppCompatActivity
import android.os.Bundle

class MainActivity : AppCompatActivity() {

    override fun onCreate(savedInstanceState: Bundle?) {
        super.onCreate(savedInstanceState)
        setContentView(R.layout.activity_main)
    }
}
```

[그림 5.2.11]

리소스 세팅

코틀린 프로젝트 생성이 완료되었다. 이제 프로젝트에서 사용할 리소스들을 세팅해보자. 먼저 이미지들을 리소스에 추가하자. 다음의 URL에서 프로젝트에 사용하는 이미지들을 다운받을 수 있다.

https://github.com/JSDanielPark/kotlinbook_resource/

[그림 5.2.12]와 같이 res/drawable에 다운받은 압축파일을 풀어서 나온 이미지 파일들을 추가해주자.

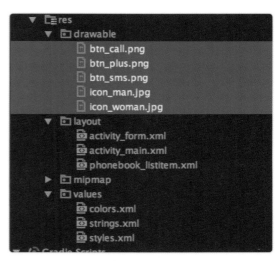

[그림 5.2.12]

그리고 버튼 등에 쓰일 문자열 상수를 정의한다. [그림 5.2.13]의 위치에 있는 strings.xml 파일에 상수들을 정의한다.

내용은 [코드 5.2.1]과 같다.

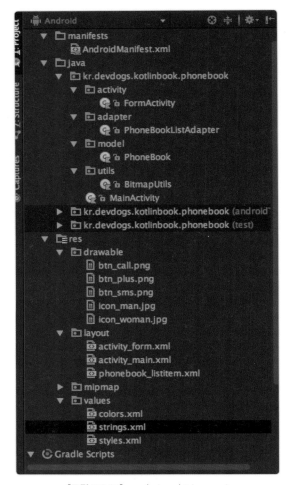

[그림 5.2.13] res/values/strings.xml

```xml
<resources>
    <string name="app_name">Kotlin 전화번호부</string>

    <string name="btn_save">저장</string>
    <string name="btn_delete">삭제</string>

    <string name="main_search_hint">이름으로 검색하세요</string>

    <string name="insert_photo_comment">클릭해서 사진을 변경하세요</string>
    <string name="insert_name_hint">이름을 입력하세요.</string>
    <string name="insert_phone_hint">휴대폰을 입력하세요.</string>
    <string name="insert_email_hint">이메일을 입력하세요.</string>
</resources>
```

[코드 5.2.1] strings.xml

처음의 app_name은 어플리케이션의 이름을 정의한다. 이 이름으로 [그림 5.2.14]와 같이 어플리케이션이 설치되었을때의 이름이 결정된다.

[그림 5.2.14]

또한 두 번째로 "btn_" 수식어로 시작하는 것들은 버튼에 들어갈 문자열들이다. 이 버튼들은 추가/삭제 액티비티에 들어가는 그 버튼이다.

"main_search_hint"는 메인에서 검색창에 들어갈 플레이스홀더 문자열이다.

또한 "insert_"로 시작하는 것들은 추가/수정 액티비티에서 사용되는 입력폼에 사용되는 문자열들이다.

권한 설정

우리는 연락처에서 사진을 보기위해 카메라로 찍고 저장하거나, 갤러리에서 사진을 가져와야 하기 때문에 안드로이드 사용자에게 권한을 요청해야한다.

먼저 manifests/AndroidMenifest.xml 파일에서 <menifest> 태그 안에 필요한 권한을 명시해주자. 카메라 사용을 위해 CAMERA 권한이 필요하고, 찍은 사진을 저장하기 위해서 WRITE_EXTERNAL_STORAGE 권한이 필요하다. 또한 갤러리에서 사진을 읽기 위해 READ_EXTERNAL_STORAGE 권한을 요청한다.

```xml
<uses-permission android:name="android.permission.CAMERA" />
<uses-permission android:name="android.permission.WRITE_EXTERNAL_STORAGE" />
<uses-permission android:name="android.permission.READ_EXTERNAL_STORAGE" />
<uses-feature android:name="android.hardware.camera2"/>
```

아래의 [코드 5.2.2]는 지금까지 진행된 AndroidMenifest.xml파일이다.

```xml
<?xml version="1.0" encoding="utf-8"?>
<manifest xmlns:android="http://schemas.android.com/apk/res/android"
    package="kr.devdogs.kotlinbook.phonebook">

    <uses-permission android:name="android.permission.CAMERA" />
    <uses-permission android:name="android.permission.WRITE_EXTERNAL_
STORAGE" />
    <uses-permission android:name="android.permission.READ_EXTERNAL_
STORAGE" />
    <uses-feature android:name="android.hardware.camera2"/>

    <application
        android:allowBackup="true"
        android:icon="@mipmap/ic_launcher"
        android:label="@string/app_name"
        android:roundIcon="@mipmap/ic_launcher_round"
        android:supportsRtl="true"
        android:theme="@style/AppTheme">
        <activity android:name=".MainActivity">
            <intent-filter>
                <action android:name="android.intent.action.MAIN" />

                <category android:name="android.intent.category.LAUNCHER"
/>
            </intent-filter>
        </activity>
    </application>

</manifest>
```

[코드 5.2.2] AndroidMenifest.xml

그리고 안드로이드 API 23이상부터는 메니페스트에 명시해야할 뿐만이 아니라 어플리케이션 내에서도 사용자에게 권한을 승인받아야 그 권한을 사용할 수 있다. 그래서 MainActivity에 권한승인요청 코드를 추가하도록 하겠다.

아래의 [코드 5.2.3]은 해당 권한이 있는지 확인하고, 권한이 없다면 사용자에게 요청하는 코드이다. 요청하기 이전에 API가 23이상인지 검사하여 23이상일 때만 요청하도록 한다. 우리는 최소 지원 API가 22버전이기에 저러한 검사가 필요하다.

```kotlin
private fun permissionCheck() {
    if (android.os.Build.VERSION.SDK_INT >= 23) {
        var permissionCheck = ContextCompat.checkSelfPermission(this,
                Manifest.permission.READ_EXTERNAL_STORAGE)
        if (permissionCheck != PackageManager.PERMISSION_GRANTED) {
            ActivityCompat.requestPermissions(this,
                    arrayOf(Manifest.permission.READ_EXTERNAL_STORAGE),
100)
        }

        permissionCheck = ContextCompat.checkSelfPermission(this,
                Manifest.permission.WRITE_EXTERNAL_STORAGE)
        if (permissionCheck != PackageManager.PERMISSION_GRANTED) {
            ActivityCompat.requestPermissions(this,
arrayOf(Manifest.permission.WRITE_EXTERNAL_STORAGE), 100)
        }

        permissionCheck = ContextCompat.checkSelfPermission(this,
                Manifest.permission.CAMERA)
        if (permissionCheck != PackageManager.PERMISSION_GRANTED) {
            ActivityCompat.requestPermissions(this,
                    arrayOf(Manifest.permission.CAMERA), 100)
        }
    }
}
```

[코드 5.2.3] 권한요청 함수

또한 onCreate 메소드에 해당 함수를 호출하는 코드를 삽입한다. [코드 5.2.4]는 현재까지 진행된 MainActivity 클래스이다.

```kotlin
package kr.devdogs.kotlinbook.phonebook

import android.Manifest
import android.content.pm.PackageManager
import android.support.v7.app.AppCompatActivity
import android.os.Bundle
import android.support.v4.app.ActivityCompat
import android.support.v4.content.ContextCompat
```

```kotlin
class MainActivity : AppCompatActivity() {

    override fun onCreate(savedInstanceState: Bundle?) {
        super.onCreate(savedInstanceState)
        setContentView(R.layout.activity_main)
        permissionCheck()
    }

    private fun permissionCheck() {
        if (android.os.Build.VERSION.SDK_INT >= 23) {
            var permissionCheck = ContextCompat.checkSelfPermission(this,
                    Manifest.permission.READ_EXTERNAL_STORAGE)
            if (permissionCheck != PackageManager.PERMISSION_GRANTED) {
                ActivityCompat.requestPermissions(this,
                    arrayOf(Manifest.permission.READ_EXTERNAL_
STORAGE), 100)
            }

            permissionCheck = ContextCompat.checkSelfPermission(this,
                    Manifest.permission.WRITE_EXTERNAL_STORAGE)
            if (permissionCheck != PackageManager.PERMISSION_GRANTED) {
                ActivityCompat.requestPermissions(this,
arrayOf(Manifest.permission.WRITE_EXTERNAL_STORAGE), 100)
            }

            permissionCheck = ContextCompat.checkSelfPermission(this,
                    Manifest.permission.CAMERA)
            if (permissionCheck != PackageManager.PERMISSION_GRANTED) {
                ActivityCompat.requestPermissions(this,
                    arrayOf(Manifest.permission.CAMERA), 100)
            }
        }
    }
}
```

[코드 5.2.4] MainActivity

드디어 어플리케이션을 개발할 준비가 완료되었다. 다음 장에서는 잠깐 프로젝트에서 떠나 프로젝트에서 로컬 데이터베이스로 사용할 Realm에 대해 알아본 다음, 프로젝트에서 사용해보도록 하겠다.

Realm 데이터베이스

03

이 프로젝트에서 데이터 저장에 사용할 로컬 데이터베이스로 SQLite 대신 Realm(렘)을 사용할 예정이다. Realm은 서버와의 양방향 동기화 등의 다양한 기능을 지원하는 가볍고 빠른 데이터베이스이다. 다만 이 프로젝트에서 서버와의 통신은 사용하지 않으므로 로컬 데이터베이스로만 사용할 것이다.

의존성 설정

안드로이드에서 Realm을 사용하는 법은 매우 간단하다. build.gradle 파일에 두 줄만 의존성을 명시해주면 바로 Realm을 사용할 수 있다.

먼저 프로젝트 build.gradle 파일의 dependancies에 아래의 문구를 추가해준다. 이 책을 쓰는 시점의 최신버전인 3.5.0 버전을 사용했다.

```
classpath "io.realm:realm-gradle-plugin:3.5.0"
```

필자의 파일에서 의존성이 추가된 모습은 아래의 [그림 5.3.1]과 같다. 11번째 줄을 보면 Realm 의존성이 명시된 것을 볼 수 있다.

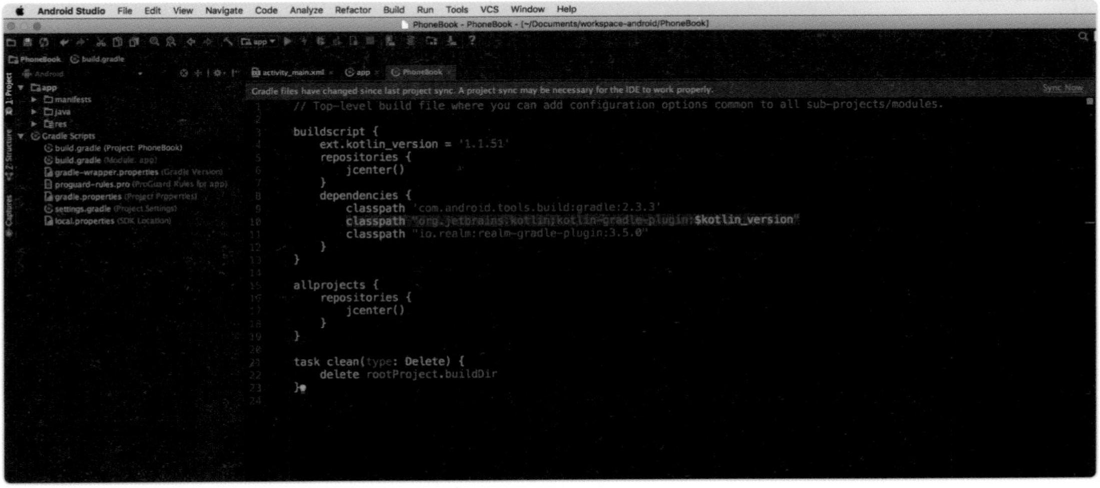

[그림 5.3.1] 프로젝트 build.gradle

그리고 어플리케이션의 build.gradle 파일의 dependancies에 아래의 문구를 추가해준다. 완성된 모습은 [그림 5.3.2]와 같다. 32번째 줄을 보면 알 수 있다.

```
apply plugin: 'realm-android'
```

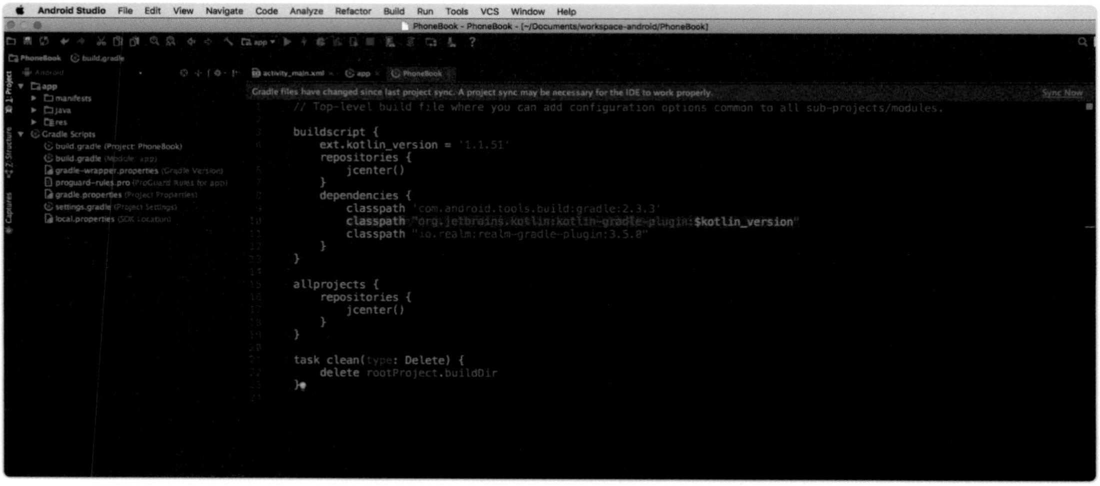

[그림 5.3.2] 어플리케이션 build.gradle

Realm을 사용할 준비가 모두 완료되었다. 이제 오른쪽 위의 Sync Now를 클릭하여 스크립트를 적용해주면 코드에서 Realm을 바로 사용할 수 있다.

Realm 사용 예제

여기서는 Realm의 사용법을 학생정보를 관리하는 간단한 CRUD 예제를 통해 알아보겠다. 먼저 자바로 사용법을 코드를 짜보며 알아보고, 코틀린으로 다시 코드를 짜봄으로써 문법의 차이도 함께 보도록 하겠다. 코틀린만 사용하고 싶다면 자바코드쪽은 설명만 보고 만들때는 코틀린 코드만 사용해도 무방하다.

이 곳에서 쓰인 예제코드는 저자의 깃허브 (https://github.com/JSDanielPark/KotlinBook_RealmExample_Kotlin, https://github.com/JSDanielPark/KotlinBook_RealmExample_Java)에서 볼 수 있다.

여기선 이번 장의 프로젝트와 별개로 예제코드용 프로젝트를 새로 생성해서 하도록 하겠다. 프로젝트의 세팅과 의존성 설정은 이전에 했던 그대로 따라하면 된다.

1. 모델 클래스

데이터베이스와 매핑할 ORM 클래스를 정의해야한다. 학생정보를 관리하는 예제이므로 Student 클래스를 정의한다. Realm의 매핑 클래스를 만드는 법은 매우 간단한데 아래와 같이 단순히 RealmObject 클래스를 상속받으면 된다.

```
public class Student extends RealmObject
```

그리고 필드를 정의해주는데 우리는 고유번호, 이름, 나이, 학년을 관리할 것이다. 그 내용은 아래와 같다.

```
@PrimaryKey
private int studentId;

private String name;
private int age;
private int grade;
```

코드를 보면 @PrimaryKey 어노테이션으로 기본키 옵션을 주었다. 이러한 어노테이션들로 필드마다 옵션을 주는 것이 가능하다.

이제 getter와 setter를 만들어준다. 만든 후 완성된 코드는 아래의 [코드 5.3.1]과 같다.

```java
package kr.devdogs.kotlinbook.kotlinrealmexample.model;

import io.realm.RealmObject;
import io.realm.annotations.PrimaryKey;

public class Student extends RealmObject {
    @PrimaryKey
    private int studentId;

    private String name;
    private int age;
    private int grade;

    public int getStudentId() {
        return studentId;
    }

    public void setStudentId(int studentId) {
        this.studentId = studentId;
    }

    public String getName() {
        return name;
    }

    public void setName(String name) {
```

```java
        this.name = name;
    }

    public int getAge() {
        return age;
    }

    public void setAge(int age) {
        this.age = age;
    }

    public int getGrade() {
        return grade;
    }

    public void setGrade(int grade) {
        this.grade = grade;
    }
}
```

[코드 5.3.1] Student.java

이 Student 클래스를 코틀린의 데이터클래스로 변환해보겠다.

[코드 5.3.2]를 보자. 아주 많이 짧아졌다. 똑같이 studentId에는 PrimaryKey 옵션을 주었다. 각 필드에 기본 값을 준 것 외에는 자바의 Student 클래스와 다른 점이 없다. 각 필드는 수정해서 적용해야할 상황이 있을 수 있기 때문에 모두 변경할 수 있는 var로 설정해주었다. 데이터 클래스로 사용했으면 좋았겠지만 데이터 클래스는 상속이 불가능하다. 그래서 상속이 가능하도록 열어줄 수 있는 일반 클래스를 사용하였다.

Realm은 내부적으로 우리의 모델 클래스를 상속받는 프록시 클래스를 생성하기 때문에 우리가 사용하는 모델 클래스는 상속이 가능하도록 open시켜줘야한다. 또한 각 변수 또한 open으로 열어주어야 한다.

또한 인자가 없는 생성자를 생략해주기 위해 각 필드마다 기본값을 설정해주었다.

    * 프록시 클래스 자동생성 때문에 모델클래스 변경 후 재시작 시 에러가 발생할 수 있다. 그럴 때에는 메뉴바 > Build > Clean Project를 클릭해주고 다시 빌드하면 해결된다.

```kotlin
package kr.devdogs.kotlinbook.kotlinrealmexample.model

import io.realm.RealmObject
import io.realm.annotations.PrimaryKey

open class Student(@PrimaryKey open var studentId:Int? = null,
                   open var name:String? = null,
                   open var age:Int? = null,
                   open var grade:Int? = null) : RealmObject()
```

[코드 5.3.2] 코틀린의 Student 클래스

모델 클래스를 정의했으니 이제 MainActivity에서 Realm을 사용해볼 것이다. 그 전에 Realm을 사용하려면 준비과정이 필요하다.

먼저 Realm을 초기화해주고 Instance를 얻어 사용해야한다. 또한 사용이 끝나면 close() 메소드를 통해 자원을 반환해줘야 한다. Realm 인스턴스는 클래스 전역에서 사용할 것이므로 클래스의 멤버변수로 선언해준다.

```
private Realm realm;
```

그리고 onCreate 메소드에서 Realm을 초기화하고 인스턴스를 가져와 멤버변수에 할당해준다.

```
@Override
protected void onCreate(Bundle savedInstanceState) {
    super.onCreate(savedInstanceState);
    setContentView(R.layout.activity_main);

    Realm.init(getApplicationContext());
    realm = Realm.getDefaultInstance();
}
```

이제 realm 멤버변수를 통해 클래스 전역에서 realm을 사용할 수 있다. 그리고 추가적으로 액티비티가 해제될 때 자원의 반환을 위해 onDestroy 메소드를 오버라이딩해준다.

```
@Override
protected void onDestroy() {
    super.onDestroy();
    realm.close();
}
```

MainActivity에서 Realm을 사용할 준비가 끝났다. 완성된 전체 코드의 모습은 아래의 [코드 5.3.3]과 같다.

```
package kr.devdogs.kotlinbook.kotlinrealmexample;

import android.support.v7.app.AppCompatActivity;
import android.os.Bundle;

import io.realm.Realm;

public class MainActivity extends AppCompatActivity {
```

```
    private Realm realm;

    @Override
    protected void onCreate(Bundle savedInstanceState) {
        super.onCreate(savedInstanceState);
        setContentView(R.layout.activity_main);

        Realm.init(getApplicationContext());
        realm = Realm.getDefaultInstance();
    }

    @Override
    protected void onDestroy() {
        super.onDestroy();
        realm.close();
    }
}
```

[코드 5.3.3] MainActivity

이를 코틀린으로 다시 짜보자. 필자는 코틀린 프로젝트를 별도로 다시 생성했으며 이 또한 필자의 깃허브
(https://github.com/JSDanielPark/kotlinbook_realm_example_kotlin) 에서 볼 수 있다.

코틀린으로 다시 짠 MainActivity의 내용은 아래 [코드 5.3.4]과 같다.

처음에 레이아웃 파일을 생성하지 않았기 때문에 setContentView 메소드를 호출하는 코드가 초기에 없었지만
기본 액티비티인 activity_main 레이아웃을 사용하도록 추가해주었다.

또한 액티비티에서는 생성자가 아닌 onCreate 메소드를 이용해 멤버변수를 초기화하므로 멤버변수인 realm
은 null이 가능한 타입으로 선언하고 먼저 null로 초기화를 해두고, onCreate 메소드에서 값을 할당해주었다.

onCreate 메소드에서의 초기화도 getter를 자동 호출해주는 코틀린의 특징 덕분에 일반적인 멤버변수처럼
applicationContext라고 명시하여 사용하였다.

```
package kr.devdogs.kotlinbook.kotlinrealmexample

import android.support.v7.app.AppCompatActivity
import android.os.Bundle
import io.realm.Realm

class mainActivity : AppCompatActivity() {
    var realm:Realm? = null

    override fun onCreate(savedInstanceState: Bundle?) {
        super.onCreate(savedInstanceState)
        setContentView(R.layout.activity_main)

        Realm.init(applicationContext)
```

```
        realm = Realm.getDefaultInstance()
    }

    override fun onDestroy() {
        super.onDestroy()
        realm?.close()
    }
}
```

[코드 5.3.4] Kotlin MainActivity

3. Insert & Update

이제 Realm을 사용할 준비가 되었으니 Insert와 Update를 함께 수행하는 메소드를 개발해보겠다.

Realm에서는 입력, 수정, 삭제를 하기 전에 트랜잭션 설정을 반드시 해줘야한다. 이 트랜잭션을 수행하는 방법은 크게 두 가지가 있는데 먼저 첫 번째부터 보도록 하겠다.

[코드 5.3.5]을 보자. insertOrUpdateV1 메소드의 처음과 끝을 보면 realm.beginTransaction() 메소드로 트랜잭션의 시작을 알리고, realm.commitTransaction() 메소드로 트랜잭션 종료를 알림과 동시에 변경사항을 적용한다. 이 방식이 트랜잭션의 첫 번째 방식이다.

코드의 내용을 보면 studentId의 값이 설정되어 있지 않을 경우는 Insert로 간주한다. 아직 Realm에는 AutoIncrement나 Identity처럼 자동 값 증가 옵션이 없다.

그래서 그 내용을 직접 구현했는데 realm.where 메소드로 어떤 모델에서 값을 조회할 것인지 설정해준다. 이 코드에서는 Student의 class를 넘겨 Student에서 조회할 것이라고 Realm에게 알려주었다. 그리고 max 메소드를 통해 studentId 필드의 최고값을 가져오라고 했다.

그리고 그 다음 행에서 아직 데이터베이스에 아예 값이 없을 경우는 1을 부여하고, 아닐 경우는 최고값에 1을 더한 값을 nextId로 부여했고 student 객체에 값을 부여해줬다.

그리고 insertOrUpdate 메소드를 통해 변경된 내용을 적용시킨다. 여기서 insertOrUpdate를 구분하는 것은 PrimaryKey로 선언된 studentId 필드이며 중복되는 값이 있으면 Update를 시키고, 없다면 Insert로 처리해준다.

```
private void insertOrUpdateV1(final Student student) {
    realm.beginTransaction();
    if(student.getStudentId() == 0) {
```

```
        Number maxId = realm.where(Student.class).max("studentId");
        int nextId = maxId == null ? 1 : maxId.intValue() + 1;
        student.setStudentId(nextId);
    }

    realm.insertOrUpdate(student);
    realm.commitTransaction();
}
```

[코드 5.3.5] Insert & Update 1

그런데 첫 번째 방식으로 하면 시각적으로 확 와닿지가 않는다. 그래서 두 번째 방법으로는 보다 조금 더
명시적인 트랜잭션 블록을 사용하는 방법이 있다.

아래의 [코드 5.3.6]를 보자. 메소드의 내용은 변하지 않았지만 블록을 사용하므로 이전의 방식보다 코드의
내용에 충실할 수 있다. 하지만 익명클래스를 사용하므로 딱 보기에도 복잡해보인다. 람다를 사용하면
깔끔했겠지만 안드로이드에서 Java8의 기능은 Android 7.0 (API 24)부터 지원한다.

우리는 보다 많은 기기의 지원을 위해 API 23을 사용했기에 람다를 사용할 수 없어 아쉬울 따름이다.

```
private void insertOrUpdateV2(final Student student) {
    realm.executeTransaction(new Realm.Transaction() {
        @Override
        public void execute(Realm realm) {
            if(student.getStudentId() == 0) {
                Number maxId = realm.where(Student.class).
max("studentId");
                int nextId = maxId == null ? 1 : maxId.intValue() + 1;
                student.setStudentId(nextId);
            }

            realm.insertOrUpdate(student);
        }
    });
}
```

[코드 5.3.6] 트랜잭션 블록 형식의 Insert & Update 2

그렇다면 코틀린은 어떨까? 위의 코드들을 코틀린으로 변경해서 짜보자. [코드 5.3.7]와 [코드 5.3.8]은 각 V1과
V2를 코틀린 코드로 다시 짠 코드이다.

[코드 5.3.7]의 V1은 거진 비슷하다. realm 전역변수는 Null을 가질 수 있는 타입이기에 모든 사용 코드에
물음표(?)를 붙여주었다. 확 차이가 나는 곳은 nextId를 구하는 곳에서 Null Check 문법을 통해 코드가 조금 더
간결해졌다. "?:" 문법을 사용하여 maxId가 Null일 경우에 0을 반환하도록 하고 아닐 경우엔 maxId의 Int 값을
반환하여 거기에 1을 더해주도록 했다.

또한 Student::class.java라는 문법을 사용했는데 이는 코틀린 클래스와 자바 클래스의 구분을 위해 사용되는 문법이다. 만약 자바 Class 클래스를 받는곳에는 저렇게 .java를 사용하여 자바클래스로 사용해주어야 한다.

또한 코틀린은 getter와 setter를 자동 호출해주기에 studentId를 student 객체에 넣어줄 때에도 메소드 호출방식이 아닌 =을 이용한 대입을 사용할 수 있었다.

[코드 5.3.8]은 람다 사용을 통해 아주 많이 간결해진 모습을 보여준다. 필자같은 경우에는 코틀린을 사용한다면 [코드 5.3.8]처럼 짜기를 권장하겠다. 트랜잭션을 사용하는 블록이 어느 부위인지 바로 알 수 있을 만큼 매우 가독성이 높기 때문이다.

그리고 람다에 인자로 전달되는 realm 변수는 Null이 아님을 보장하기 때문에 이를 사용할 때에는 물음표를 사용하지 않았다.

```kotlin
fun insertOrUpdateV1(student: Student) {
    realm?.beginTransaction()
    if (student.studentId == 0) {
        val maxId = realm?.where(Student::class.java)?.max("studentId")
        val nextId = (maxId?.toInt() ?: 0) + 1
        student.studentId = nextId
    }

    realm?.insertOrUpdate(student)
    realm?.commitTransaction()
}
```

[코드 5.3.7] 코틀린으로 짠 Insert & Update 1

```kotlin
fun insertOrUpdateV2(student: Student) {
    realm?.executeTransaction { realm ->
        if (student.studentId == 0) {
            val maxId = realm.where(Student::class.java).max("studentId")
            val nextId = (maxId?.toInt() ?: 0) + 1
            student.studentId = nextId
        }

        realm.insertOrUpdate(student)
    }
}
```

[코드 5.3.8] 코틀린으로 짠 Insert & Update 2

이제 메소드를 완성했으니 정보를 입력하는 코드를 onCreate 메소드에 추가해보겠다.

[코드 5.3.9]를 보자. 여기서는 입력할 때 모두 studentId를 지정해주었다. 그래서 코드를 여러 번 실행해도 1번만 Insert 된다.

```java
@Override
protected void onCreate(Bundle savedInstanceState) {
    super.onCreate(savedInstanceState);
    setContentView(R.layout.activity_main);

    Realm.init(getApplicationContext());
    realm = Realm.getDefaultInstance();

    Student student1 = new Student();
    student1.setStudentId(1);
    student1.setName("박종수");
    student1.setAge(26);
    student1.setGrade(4);

    Student student2 = new Student();
    student2.setStudentId(2);
    student2.setName("박영환");
    student2.setAge(27);
    student2.setGrade(4);

    insertOrUpdateV1(student1);
    insertOrUpdateV2(student2);
}
```

[코드 5.3.9] 데이터 입력 (자바)

이를 코틀린으로 변환하면 아래의 [코드 5.3.10]과 같다.

```kotlin
override fun onCreate(savedInstanceState: Bundle?) {
    super.onCreate(savedInstanceState)
    setContentView(R.layout.activity_main)

    Realm.init(applicationContext)
    realm = Realm.getDefaultInstance()

    val student1 = Student(1, "박종수", 26, 4)
    val student2 = Student(2, "박영환", 27, 4)

    insertOrUpdateV1(student1)
    insertOrUpdateV2(student2)
}
```

[코드 5.3.10] 데이터 입력 (코틀린)

insert 코드까지 완성된 코틀린의 MainActivity 클래스는 아래의 [코드 5.3.11]과 같다.

```kotlin
package kr.devdogs.kotlinbook.kotlinrealmexample

import android.support.v7.app.AppCompatActivity
import android.os.Bundle
import io.realm.Realm
import kr.devdogs.kotlinbook.kotlinrealmexample.model.Student

class mainKotlinActivity : AppCompatActivity() {
    var realm:Realm? = null

    override fun onCreate(savedInstanceState: Bundle?) {
        super.onCreate(savedInstanceState)
        setContentView(R.layout.activity_main)

        Realm.init(applicationContext)
        realm = Realm.getDefaultInstance()

        val student1 = Student(1, "박중수", 26, 4)
        val student2 = Student(2, "박영환", 27, 4)

        insertOrUpdateV1(student1)
        insertOrUpdateV2(student2)
    }

    fun insertOrUpdateV1(student: Student) {
        realm?.beginTransaction()
        if (student.studentId == 0) {
            val maxId = realm?.where(Student::class.java)?.
max("studentId")
            val nextId = (maxId?.toInt() ?: 0) + 1
            student.studentId = nextId
        }

        realm?.insertOrUpdate(student)
        realm?.commitTransaction()
    }

    fun insertOrUpdateV2(student: Student) {
        realm?.executeTransaction { realm ->
            if (student.studentId == 0) {
                val maxId = realm.where(Student::class.java).
max("studentId")
                val nextId = (maxId?.toInt() ?: 0) + 1
                student.studentId = nextId
            }

            realm.insertOrUpdate(student)
        }
    }

    override fun onDestroy() {
        super.onDestroy()
        realm?.close()
    }
}
```

[코드 5.3.11] 코틀린 MainActivity 전체 코드

4. Select

데이터베이스에서의 읽기는 트랜잭션 블록이 따로 필요없이 바로 사용할 수 있다. 이번 예제에서는 전체를 불러오는 예제와 조건으로 각각 데이터를 불러오는 예제를 만들어보겠다.

[코드 5.3.12]는 전체를 불러오는 메소드이다. 추가적으로 오름차순 정렬도 해주었다. 이전에 Insert의 예제와 같이 where 메소드를 통해 Student에서 찾을 것을 Realm에게 알려주었다.

또한 다른 조건을 주지 않고 findAll() 메소드를 사용해 모든 결과를 가져오도록 했다. 받아온 결과는 RealmResults라는 객체에 담기게 된다.

RealmResults<E> 클래스는 List<E> 인터페이스를 상속받은 클래스이기에 다형성을 이용해 List에 담을 수 있다. 이 코드에서는 이를 이용해 List형식으로 반환하였다.

```java
private List<Student> findAll() {
    RealmResults<Student> results = realm.where(Student.class)
            .findAll()
            .sort("studentId", Sort.DESCENDING);

    // 결과에서 특정 인덱스의 값도 불러올 수 있다
    // Student student = results.get(2);

    List<Student> list = results;

    return list;
}
```

[코드 5.3.12] 전체 불러오기

[코드 5.3.13]은 id를 조건으로 데이터를 불러오는 메소드이다. 역시 where을 통해 Student를 불러온다고 Realm에 알려주었다.

그리고 equalsTo 메소드를 통해 studentId 필드에 일치해야하는 조건값을 넘겨주었다. equalsTo 메소드의 첫 번째 매개변수는 필드의 이름이다. 그리고 두 번째는 일치해야하는 필드의 값이다. 그 후 findFirst() 메소드를 통해 일치하는 상위 1개의 필드만 가져오도록 했다. 만약 일치하는 모든 것을 가져오고 싶다면 findAll() 메소드를 사용하면 된다.

```java
private Student findOneById(int studentId) {
    Student results = realm.where(Student.class)
            .equalTo("studentId", studentId)
            .findFirst();

    return results;
}
```

[코드 5.3.13] ID로 불러오기

Realm은 지연연산이라는 것을 사용한다. [코드 5.3.13]의 예제에서 equalsTo 메소드 뒤에도 계속 Like, endsWith 등의 조건을 추가할 수 있다. 여기서 조건이 추가될 때마다 데이터베이스에 조건에 맞는 값을 가져오 라고 계속 연산을 시키는 것이 아니다. 만약 조건이 추가될 때마다 모든 조건에 맞게 값을 새로 불러온다면 매우 비효율적일 것이다.

모든 조건은 추가될 때마다 계속 누적되어 있다가 findAll() 혹은 findFirst()처럼 연산을 실행하는 메소드를 호출해야 그제서야 조건에 맞는 값들을 가져온다. 그래서 바로 연산을 시키는 것이 아니라 지연시켰다가 특정한 호출에 의해 실행되기 때문에 지연연산이라고 부른다.

이제 데이터를 불러오는 코드를 만들었으니 데이터를 불러와보고 화면에 출력해보자.

먼저 화면에 데이터를 출력하기 위해 레이아웃의 activity_main.xml 파일을 보자. 우리는 레이아웃 파일을 손대지 않았기 때문에 제일 초기의 "Hello World" 화면이 있을 것이다. 여기서 TextView에 우리가 불러온 데이터를 출력해주기 위해 [그림 5.3.3]의 10번째 줄처럼 TextView에 id값을 부여해주자.

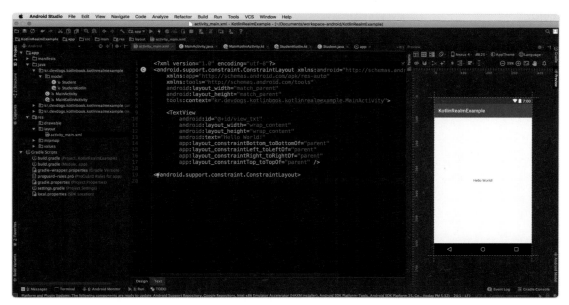

[그림 5.3.11] activity_main.xml

이제 MainActivity에서 TextView를 가져와 사용하자. 멤버변수에 아래와 같이 TextView를 추가해주자.

```
private TextView textView;
```

그리고 onCreate 메소드의 setContentView 메소드 아래에 뷰를 불러오는 코드를 작성하자.

```
@Override
protected void onCreate(Bundle savedInstanceState) {
    super.onCreate(savedInstanceState);
    setContentView(R.layout.activity_main);
    textView = (TextView) findViewById(R.id.view_txt) ;
```

이제 데이터를 불러와보자. onCreate 메소드의 맨 밑에 데이터를 불러와 화면에 출력하는 코드를 작성하자. 우리는 TextView 하나만 사용하므로 문자열을 조립하여 출력하는 방식으로 할 것이다.

먼저 전체 리스트와 아이디 값에 따라 데이터들을 가져온다. 하나만 가져오는 것은 ID값이 1인 데이터만 가져오도록 했다.

```
List<Student> studentList = findAll();
Student oneStudent = findOneById(1);
```

그 후에 가져온 데이터들로 문자열을 조립한다. 반복문에서의 문자열 + 연산은 퍼포먼스에 좋지 않으므로 StringBuilder를 사용했다. 그 후에 textView에 setText 메소드로 조립된 문자열을 출력하게 했다.

```
List<Student> studentList = findAll();
Student oneStudent = findOneById(1);

StringBuilder sb = new StringBuilder();
sb.append("== List ==\n");
if(studentList != null) {
    for (Student student : studentList) {
        sb.append(student.getStudentId())
                .append(". ")
                .append(student.getName())
                .append(" - ")
                .append(student.getAge())
                .append("살 - ")
                .append(student.getGrade())
                .append("학년\n");
    }
}

if(oneStudent != null) {
    sb.append("\n\n== Select One ==\n")
            .append(oneStudent.getStudentId())
            .append(". ")
            .append(oneStudent.getName())
            .append(" - ")
            .append(oneStudent.getAge())
            .append("살 - ")
            .append(oneStudent.getGrade())
```

```
                    .append("학년\n");
    }

    textView.setText(sb.toString());
```

완성된 전체 onCreate 메소드는 아래의 [코드 5.3.14]와 같다. 그리고 이를 실행하면 그 아래의 [그림 5.3.5]와 같이 나타난다.

```java
@Override
protected void onCreate(Bundle savedInstanceState) {
    super.onCreate(savedInstanceState);
    setContentView(R.layout.activity_main);
    textView = (TextView) findViewById(R.id.view_txt) ;

    Realm.init(getApplicationContext());
    realm = Realm.getDefaultInstance();

    Student student1 = new Student();
    student1.setStudentId(1);
    student1.setName("박중수");
    student1.setAge(26);
    student1.setGrade(4);

    Student student2 = new Student();
    student2.setStudentId(2);
    student2.setName("박영환");
    student2.setAge(27);
    student2.setGrade(4);

    insertOrUpdateV1(student1);
    insertOrUpdateV2(student2);

    List<Student> studentList = findAll();
    Student oneStudent = findOneById(1);

    StringBuilder sb = new StringBuilder();
    sb.append("== List ==\n");
    if(studentList != null) {
        for (Student student : studentList) {
            sb.append(student.getStudentId())
                    .append(". ")
                    .append(student.getName())
                    .append(" - ")
                    .append(student.getAge())
                    .append("살 - ")
                    .append(student.getGrade())
                    .append("학년\n");
        }
    }

    if(oneStudent != null) {
```

```
        sb.append("\n\n== Select One ==\n")
            .append(oneStudent.getStudentId())
            .append("  ")
            .append(oneStudent.getName())
            .append("  -  ")
            .append(oneStudent.getAge())
            .append("살  -  ")
            .append(oneStudent.getGrade())
            .append("학년\n");
    }

    textView.setText(sb.toString());
}
```

[코드 5.3.14] 출력하는 onCreate 메소드

[그림 5.3.5] 실행화면

위의 find 메소드들을 코틀린 문법으로 변환해보면 아래와 같다. 대부분의 문법이 비슷하다. findAll() 메소드의 내용을 보면 RealmResults 클래스는 List를 상속받았으므로 별도의 형 변환 없이 그대로 리턴이 가능하다.

```kotlin
fun findAll(): List<Student>? {
    val results = realm?.where(Student::class.java)
            ?.findAll()
            ?.sort("studentId", Sort.DESCENDING)

    return results
}

fun findOneById(studentId: Int): Student? {
    val results = realm?.where(Student::class.java)
            ?.equalTo("studentId", studentId)
            ?.findFirst()

    return results
}
```

[코드 5.3.15] find 메소드 (코틀린)

그리고 textView 필드정의와 onCreate 메소드의 전체는 아래의 [코드 5.3.16]과 같다. 방금 함수를 정의할 때 findAll()과 findOneById() 메소드는 전부 null값을 가질 수 있는 타입으로 리턴하였었다.

```kotlin
fun findAll(): List<Student>?
```

```kotlin
fun findOneById(studentId: Int): Student?
```

그래서 자바에서도 이 함수를 호출할 때 반환값이 null인지를 검사해줬어야 했다.

```kotlin
if(studentList != null) {
```

```kotlin
if(oneStudent != null) {
```

하지만 [코드 5.3.16]과 같이 코틀린에서는 null검사를 통한 let 구문을 사용하여 보다 널값검사 코드를 간결하게 만들었다. studentList와 oneStudent가 null값이 아닐 때에만 각각의 let 구문이 실행되기 때문에 매우 간편하게 null값 체크를 할 수 있었다.

```kotlin
override fun onCreate(savedInstanceState: Bundle?) {
    super.onCreate(savedInstanceState)
    setContentView(R.layout.activity_main)
    textView = findViewById(R.id.view_txt) as TextView

    Realm.init(applicationContext)
    realm = Realm.getDefaultInstance()

    val student1 = Student(1, "박중수", 26, 4)
    val student2 = Student(2, "박영환", 27, 4)

    insertOrUpdateV1(student1)
    insertOrUpdateV2(student2)

    val studentList = findAll()
    val oneStudent = findOneById(1)

    val sb = StringBuilder()

    sb.append("== List ==\n")
    studentList?.let {
        for (student in it) {
            sb.append(student.getStudentId())
                    .append(", ")
                    .append(student.getName())
                    .append(" - ")
                    .append(student.getAge())
                    .append("살   ")
                    .append(student.getGrade())
                    .append("학년\n")
        }
    }

    oneStudent?.let {
        sb.append("\n\n== Select One ==\n")
                .append(oneStudent.studentId)
                .append(", ")
                .append(oneStudent.name)
                .append(" - ")
                .append(oneStudent.age)
                .append("살 - ")
                .append(oneStudent.grade)
                .append("학년\n")
    }

    textView?.text = sb.toString()
}
```

[코드 5.3.16] onCreate (코틀린)

5. Delete

삭제같은 경우는 쓰기, 수정과 같이 트랜잭션이 필수이다. 삭제 또한 트랜잭션 블록을 이용한 방법과 begin, commit Transaction 코드를 이용한 방법 두 가지가 있다. 삭제에 쓰이는 예제에는 트랜잭션 블록을 이용해보도록 하겠다.

아래의 [코드 5.3.17]은 ID를 조건으로 한 삭제코드이다. 트랜잭션 블록은 이전와 같다. Realm에서 조건으로 Select를 하여 삭제할 대상을 가져오고, deleteFromRealm() 메소드를 통해 Realm 데이터베이스에서 제거한다.

deleteFromRealm() 메소드는 기본적으로 RealmObject를 상속받은 모든 모델 클래스에서 사용이 가능하지만 삭제할 때에는 Realm에서 Select하여 불러온 객체로만 호출하여 삭제해야한다. 임의로 객체를 생성하여 삭제를 시도하면 예외가 발생하게 된다.

```java
private void deleteById(final int studentId) {
    realm.executeTransaction(new Realm.Transaction() {
        @Override
        public void execute(Realm realm) {
            Student targetStudent = realm.where(Student.class)
                    .equalTo("studentId", studentId)
                    .findFirst();

            targetStudent.deleteFromRealm();
        }
    });
}
```

[코드 5.3.17] Realm 삭제

그럼 이제 테스트를 해보겠다. deleteById() 메소드로 ID값이 1인 학생을 삭제해보겠다. onCreate 메소드의 추가와 조회 코드 사이에 deleteById() 메소드를 호출하는 코드를 넣어보자.

```java
Student tempStudent = new Student();
tempStudent.setStudentId(1);

deleteById(1);

List<Student> studentList = findAll();
Student oneStudent = findOneById(1);
```

그리고 실행을 해보면 [그림 5.3.6]과 같은 화면을 볼 수 있다.

기존의 화면에서는 Select One 항목이 있었지만 이는 ID값이 1인 학생만 출력하는 문구였다. 하지만 조회를 하기 전에 삭제가 되었으므로 ID가 1인 회원을 조회하면 null이 리턴되고, 정보를 불러올 수 없어 출력이 되질 않는 것이다.

[그림 5.3.6] 삭제 후 화면

이를 코틀린 코드로 변경하면 아래 [코드 5.3.18]과 같다.

```kotlin
private fun deleteById(studentId: Int) {
    realm?.executeTransaction {
        val targetStudent = it.where(Student::class.java)
                .equalTo("studentId", studentId)
                .findFirst()

        targetStudent.deleteFromRealm()
    }
}
```

[코드 5.3.18] onCreate (코틀린)

또한 onCreate() 메소드에도 똑같이 추가해준다.

```
insertOrUpdateV1(student1)
insertOrUpdateV2(student2)

deleteById(1)

val studentList = findAll()
val oneStudent = findOneById(1)
```

비동기 트랜잭션

추가, 수정, 삭제에는 트랜잭션 구문이 필수였다. 이 트랜잭션을 비동기적으로도 실행할 수 있다. 삭제하는 deleteById 메소드를 비동기적으로 수정해보자.

수정된 deleteById 메소드는 아래의 [코드 5.3.19]와 같다. 메소드 명에 Async만 붙여주면 비동기 트랜잭션이 완성된다. 또한 성공과 실패 시에 대한 콜백도 등록해줄 수 있다. 이 콜백들은 선택적이며 성공과 실패 각각 제외해도 상관없다. [코드 5.3.19]에는 각각 성공과 실패 시 이를 알리는 토스트메세지를 띄워주었다.

```java
private void deleteById(final int studentId) {
    realm.executeTransactionAsync(new Realm.Transaction() {
        @Override
        public void execute(Realm realm) {
            Student targetStudent = realm.where(Student.class)
                    .equalTo("studentId", studentId)
                    .findFirst();

            targetStudent.deleteFromRealm();
        }
    }, new Realm.Transaction.OnSuccess() {
        @Override
        public void onSuccess() {
            Toast.makeText(MainActivity.this,
                    "삭제에 성공했습니다.",
                    Toast.LENGTH_SHORT);
        }
    }, new Realm.Transaction.OnError() {
        @Override
        public void onError(Throwable error) {
            Toast.makeText(MainActivity.this,
                    "삭제에 실패했습니다.",
                    Toast.LENGTH_SHORT);
        }
    });
}
```

[코드 5.3.19]

이를 코틀린 코드로 변환하면 [코드 5.3.20]과 같다. 여러 콜백들을 받으므로 클래스명들을 명시해주었고
람다로 처리했다.

```kotlin
private fun deleteById(studentId: Int) {
    realm?.executeTransactionAsync ( Realm.Transaction{
        val targetStudent = it.where(Student::class.java)
                .equalTo("studentId", studentId)
                .findFirst()

        targetStudent.deleteFromRealm()
    }, Realm.Transaction.OnSuccess {
        Toast.makeText(this@MainActivity,
                "삭제에 성공했습니다.",
                Toast.LENGTH_SHORT)
    }, Realm.Transaction.OnError {
        Toast.makeText(this@MainActivity,
                "삭제에 실패했습니다.",
                Toast.LENGTH_SHORT)
    })
}
```

[코드 5.3.20]

전체코드

이 프로젝트에서 필자는 자바와 코틀린을 별도의 프로젝트로 개발하였다. 그래서 공통부분인 레이아웃 파일은
여기 한 곳에서만 적겠다.

■ res/activity_main.xml (공통)

```xml
<?xml version="1.0" encoding="utf-8"?>
<android.support.constraint.ConstraintLayout
    xmlns:android="http://schemas.android.com/apk/res/android"
    xmlns:app="http://schemas.android.com/apk/res-auto"
    xmlns:tools="http://schemas.android.com/tools"
    android:layout_width="match_parent"
    android:layout_height="match_parent"
    tools:context="kr.devdogs.kotlinbook.realmkotlinexample.
MainActivity">

    <TextView
        android:id="@+id/view_txt"
        android:layout_width="wrap_content"
        android:layout_height="wrap_content"
        android:text="Hello World!"
        app:layout_constraintBottom_toBottomOf="parent"
        app:layout_constraintLeft_toLeftOf="parent"
        app:layout_constraintRight_toRightOf="parent"
        app:layout_constraintTop_toTopOf="parent" />
</android.support.constraint.ConstraintLayout>
```

자바

- MainActivity.java

```java
package kr.devdogs.kotlinbook.realmjavaexample;

import android.support.v7.app.AppCompatActivity;
import android.os.Bundle;
import android.widget.TextView;

import java.util.List;

import io.realm.Realm;
import io.realm.RealmResults;
import io.realm.Sort;
import kr.devdogs.kotlinbook.realmjavaexample.model.Student;

public class MainActivity extends AppCompatActivity {
    private Realm realm;
    private TextView textView;

    @Override
    protected void onCreate(Bundle savedInstanceState) {
        super.onCreate(savedInstanceState);
        setContentView(R.layout.activity_main);
        textView = (TextView) findViewById(R.id.view_txt) ;

        Realm.init(getApplicationContext());
        realm = Realm.getDefaultInstance();

        Student student1 = new Student();
        student1.setStudentId(1);
        student1.setName("박중수");
        student1.setAge(26);
        student1.setGrade(4);

        Student student2 = new Student();
        student2.setStudentId(2);
        student2.setName("박영환");
        student2.setAge(27);
        student2.setGrade(4);

        insertOrUpdateV1(student1);
        insertOrUpdateV2(student2);

        Student tempStudent = new Student();
        tempStudent.setStudentId(1);

        deleteById(1);

        List<Student> studentList = findAll();
        Student oneStudent = findOneById(1);

        StringBuilder sb = new StringBuilder();
```

```java
        sb.append("== List ==\n");
        if(studentList != null) {
            for (Student student : studentList) {
                sb.append(student.getStudentId())
                        .append(", ")
                        .append(student.getName())
                        .append(" - ")
                        .append(student.getAge())
                        .append("살 - ")
                        .append(student.getGrade())
                        .append("학년\n");
            }
        }

        if(oneStudent != null) {
            sb.append("\n\n== Select One ==\n")
                    .append(oneStudent.getStudentId())
                    .append(", ")
                    .append(oneStudent.getName())
                    .append(" - ")
                    .append(oneStudent.getAge())
                    .append("살 - ")
                    .append(oneStudent.getGrade())
                    .append("학년\n");
        }

        textView.setText(sb.toString());
    }

    private void insertOrUpdateV1(final Student student) {
        realm.beginTransaction();
        if(student.getStudentId() == 0) {
            Number maxId = realm.where(Student.class).max("studentId");
            int nextId = maxId == null ? 1 : maxId.intValue() + 1;
            student.setStudentId(nextId);
        }

        realm.insertOrUpdate(student);
        realm.commitTransaction();
    }

    private void insertOrUpdateV2(final Student student) {
        realm.executeTransaction(new Realm.Transaction() {
            @Override
            public void execute(Realm realm) {
                if(student.getStudentId() == 0) {
                    Number maxId =
realm.where(Student.class).max("studentId");
                    int nextId = maxId == null ? 1 : maxId.intValue() +
1;
                    student.setStudentId(nextId);
                }

                realm.insertOrUpdate(student);
            }
        });
```

```java
    }

    private List<Student> findAll() {
        RealmResults<Student> results = realm.where(Student.class)
                .findAll()
                .sort("studentId", Sort.DESCENDING);

        // 결과에서 특정 인덱스의 값도 불러올 수 있다
        // Student student = results.get(2);

        List<Student> list = results;

        return list;
    }

    private Student findOneById(int studentId) {
        Student results = realm.where(Student.class)
                .equalTo("studentId", studentId)
                .findFirst();

        return results;
    }


    private void deleteById(final int studentId) {
        realm.executeTransaction(new Realm.Transaction() {
            @Override
            public void execute(Realm realm) {
                Student targetStudent = realm.where(Student.class)
                        .equalTo("studentId", studentId)
                        .findFirst();
                targetStudent.deleteFromRealm();
            }
        });
    }


    @Override
    protected void onDestroy() {
        super.onDestroy();
        realm.close();
    }
}
```

■ model.Student.java

```java
package kr.devdogs.kotlinbook.realmjavaexample.model;

import io.realm.RealmObject;
import io.realm.annotations.PrimaryKey;
```

```java
public class Student extends RealmObject {
    @PrimaryKey
    private int studentId;

    private String name;
    private int age;
    private int grade;

    public int getStudentId() {
        return studentId;
    }

    public void setStudentId(int studentId) {
        this.studentId = studentId;
    }

    public String getName() {
        return name;
    }

    public void setName(String name) {
        this.name = name;
    }

    public int getAge() {
        return age;
    }

    public void setAge(int age) {
        this.age = age;
    }

    public int getGrade() {
        return grade;
    }

    public void setGrade(int grade) {
        this.grade = grade;
    }
}
```

코틀린

— MainActivity.kt

```kotlin
package kr.devdogs.kotlinbook.realmkotlinexample

import android.support.v7.app.AppCompatActivity
import android.os.Bundle
import android.widget.TextView
import io.realm.Realm
import io.realm.Sort

import kr.devdogs.kotlinbook.kotlinrealmexample.model.Student

class MainActivity : AppCompatActivity() {
    var textView:TextView? = null
    private var realm: Realm? = null

    override fun onCreate(savedInstanceState: Bundle?) {
        super.onCreate(savedInstanceState)
        setContentView(R.layout.activity_main)
        textView = findViewById(R.id.view_txt) as TextView
        Realm.init(applicationContext)
        realm = Realm.getDefaultInstance()

        val student1 = Student(1, "박종수", 26, 4)
        val student2 = Student(2, "박영환", 27, 4)

        insertOrUpdateV1(student1)
        insertOrUpdateV2(student2)

        deleteById(1)

        val studentList = findAll()
        val oneStudent = findOneById(1)

        val sb = StringBuilder()

        sb.append("== List ==\n")
        studentList?.let {
            for (student in it) {
                sb.append(student.studentId)
                        .append(". ")
                        .append(student.name)
                        .append(" - ")
                        .append(student.age)
                        .append("살 - ")
                        .append(student.grade)
                        .append("학년\n")
            }
        }

        oneStudent?.let {
            sb.append("\n\n== Select One ==\n")
```

```kotlin
                        .append(oneStudent.studentId)
                        .append(". ")
                        .append(oneStudent.name)
                        .append(" - ")
                        .append(oneStudent.age)
                        .append("살 - ")
                        .append(oneStudent.grade)
                        .append("학년\n")
            }

            textView?.text = sb.toString()
        }

    fun insertOrUpdateV1(student: Student) {
        realm?.beginTransaction()
        if (student.studentId == 0) {
            val maxId = realm?.where(Student::class.java)?.
max("studentId")
            val nextId = (maxId?.toInt() ?: 0) + 1
            student.studentId = nextId
        }

        realm?.insertOrUpdate(student)
        realm?.commitTransaction()
    }

    fun insertOrUpdateV2(student: Student) {
        realm?.executeTransaction { realm ->
            student.studentId?:let {
                val maxId = realm.where(Student::class.java).
max("studentId")
                val nextId = (maxId?.toInt() ?: 0) + 1
                student.studentId = nextId
            }

            realm.insertOrUpdate(student)
        }
    }

    fun findAll(): List<Student>? {
        val results = realm?.where(Student::class.java)
                ?.findAll()
                ?.sort("studentId", Sort.DESCENDING)

        return results
    }

    fun findOneById(studentId: Int): Student? {
        val results = realm?.where(Student::class.java)
                ?.equalTo("studentId", studentId)
                ?.findFirst()

        return results
    }
```

```kotlin
    private fun deleteById(studentId: Int) {
        realm?.executeTransaction {
            val targetStudent = it.where(Student::class.java)
                    .equalTo("studentId", studentId)
                    .findFirst()

            targetStudent.deleteFromRealm()
        }
    }

    override fun onDestroy() {
        super.onDestroy()
        realm?.close()
    }
}
```

■ model.Student.kt

```kotlin
package kr.devdogs.kotlinbook.kotlinrealmexample.model

import io.realm.RealmObject
import io.realm.annotations.PrimaryKey


open class Student(@PrimaryKey open var studentId:Int? = null,
                   open var name:String? = null,
                   open var age:Int? = null,
                   open var grade:Int? = null) : RealmObject()
```

렘의 사용법에 대해 알아보았다. 이제 프로젝트에 적용할 차례다.

04 레이아웃 구성

메인화면

먼저 우리가 사용할 화면의 디자인을 해보도록 하겠다. 완성해야할 화면은 [그림 5.4.1]과 같다. 크게 이름 검색, 연락처 추가, 연락처 리스트, 해당 연락처에게 전화걸기 버튼이 있다. 이 화면을 디자인해보겠다.

[그림 5.4.1] 목표 디자인

이 화면은 메인화면이므로 res/layout/activity_main.xml 파일을 열자.

먼저 전체 소스를 보자면 아래의 [코드 5.4.1]과 같다. 생각보다 매우 짧은 것을 볼 수 있다. 이 코드들을 하나하나 간략하게 설명해보겠다. 만약 안드로이드 레이아웃에 대한 지식이 있다면 소스만 살펴보고 넘어가도록 하자.

```xml
<?xml version="1.0" encoding="utf-8"?>
<android.support.constraint.ConstraintLayout
    xmlns:android="http://schemas.android.com/apk/res/android"
    xmlns:app="http://schemas.android.com/apk/res-auto"
    xmlns:tools="http://schemas.android.com/tools"
    android:layout_width="match_parent"
    android:layout_height="match_parent"
    tools:context="kr.devdogs.kotlinbook.phonebook.MainActivity">

    <LinearLayout
        android:layout_width="match_parent"
        android:layout_height="match_parent"
        android:orientation="vertical"
        android:padding="5dp">

        <LinearLayout
            android:layout_width="match_parent"
            android:layout_height="60dp"
            android:orientation="horizontal">
            <EditText
                android:id="@+id/main_search_text"
                android:layout_width="0dp"
                android:layout_height="match_parent"
                android:layout_weight="1"
                android:hint="@string/main_search_hint"/>
            <Button
                android:id="@+id/main_btn_insert"
                android:layout_width="40dp"
                android:layout_height="40dp"
                android:layout_marginRight="10dp"
                android:layout_marginLeft="10dp"
                android:gravity="center_vertical"
                android:background="@drawable/btn_plus"/>
        </LinearLayout>

        <ListView
            android:layout_width="match_parent"
            android:layout_height="0dp"
            android:layout_weight="1"
            android:id="@+id/main_tel_list">

        </ListView>
    </LinearLayout>

</android.support.constraint.ConstraintLayout>
```

[코드 5.4.1] activity_main.xml

제일 바깥에 있는 "<android.support.constraint.ConstraintLayout>"은 activity_main 레이아웃에 기본적으로 있는 레이아웃이고 그 안에 우리가 레이아웃을 구성했다.

처음엔 검색, 연락처 추가와 연락처 리스트의 영역을 세로로 나누기 위해 LinearLayout을 사용했다. 배치방향은 vertical 옵션으로 내부에 있는 요소들이 세로로 정렬되도록 했다. 가로와 세로 길이는 match_parent 옵션을 통해 부모의 크기를 전부 따라가기로 했다.

또한 padding옵션으로 내부 여백을 5dp씩 주었다.

```xml
<LinearLayout
    android:layout_width="match_parent"
    android:layout_height="match_parent"
    android:orientation="vertical"
    android:padding="5dp">
```

그리고 이 LiniearLayout의 안에는 또 다른 LinearLayout과 ListView가 각각 존재한다. LinearLayout은 이 영역 안에서 검색란과 연락처 추가를 나누기 위해 있고, ListView는 말 그대로 연락처 목록을 나타낼 리스트이다.

LinearLayout을 먼저 살펴보자면 가로의 길이는 부모의 길이. 즉 화면을 꽉 채우도록 했지만 세로의 길이는 60dp로 한정시켰다. 또한 레이아웃의 방향은 horizontal 옵션을 통해 가로로 만들었다.

```xml
<LinearLayout
    android:layout_width="match_parent"
    android:layout_height="60dp"
    android:orientation="horizontal">
```

그리고 이 LinearLayout의 안을 보기 전에 먼저 아래의 코드에 있는 ListView의 옵션을 보자.

이 역시 가로길이는 화면을 꽉 채우도록 했지만 세로길이를 0dp로 줬다. 이러면 화면에 출력이 안되지 않을까?

답은 그 아래의 weight 옵션에 있다. 같은 영역에서 다른 레이아웃이 weight 옵션을 사용하지 않는다면 height 옵션을 0dp로 주고, weight값을 준다면 남은 모든 영역을 다 채워준다. 위의 LinearLayout의 높이가 60dp였으니 이 60dp를 제외한 나머지 영역을 이 ListView가 채우는 것이다. 이 옵션은 width에도 똑같이 적용할 수 있다.

또한 추후에 리스트에 연락처들을 추가하는 컨트롤이 필요하므로 id값을 부여하였다.

```
<ListView
    android:layout_width="match_parent"
    android:layout_height="0dp"
    android:layout_weight="1"
    android:id="@+id/main_tel_list">
```

이제 이전의 LinearLayout 안의 EditText와 Button을 살펴보자.

EditText 역시 weight값을 주어 레이아웃에서 남는 여백을 모두 채우도록 했다. 또한 Button은 40dp로 특정한 영역만 주었다. 또한 margin옵션을 이용해 오른쪽과 왼쪽에 여백을 주었고, gravity 옵션으로 세로 가운데 정렬을 시켜주었다.

```
<EditText
    android:id="@+id/main_search_text"
    android:layout_width="0dp"
    android:layout_height="match_parent"
    android:layout_weight="1"
    android:hint="@string/main_search_hint"/>
<Button
    android:id="@+id/main_btn_insert"
    android:layout_width="40dp"
    android:layout_height="40dp"
    android:layout_marginRight="10dp"
    android:layout_marginLeft="10dp"
    android:gravity="center_vertical"
    android:background="@drawable/btn_plus"/>
```

연락처리스트 아이템

이제 메인에 들어가는 리스트뷰에서 각 연락처 하나하나를 나타내는 레이아웃을 정의해보겠다. 완성된 아이템 하나의 화면은 아래의 [그림 5.4.2]와 같다.

[그림 5.4.2]

이 파일의 위치는 res/layout/phonebook_listitem.xml이다.

이 예제 역시 안드로이드 레이아웃에 대한 지식이 있는 독자를 위해 전체 소스코드를 먼저 보여주겠다. 전체 소스는 아래의 [코드 5.4.2]이다.

```
<?xml version="1.0" encoding="utf-8"?>
<LinearLayout xmlns:android="http://schemas.android.com/apk/res/android"
```

```xml
        android:orientation="horizontal"  android:layout_width="match_parent"
        android:layout_height="70dp"
        android:paddingTop="5dp"
        android:paddingBottom="5dp">

    <LinearLayout
        android:id="@+id/book_item"
        android:orientation="horizontal"
        android:layout_width="0dp"
        android:layout_height="60dp"
        android:layout_weight="1">
        <ImageView
            android:id="@+id/book_item_photo"
            android:layout_width="60dp"
            android:layout_height="60dp"
            android:src="@drawable/icon_man"/>

        <TextView
            android:id="@+id/book_item_name"
            android:layout_width="0dp"
            android:layout_height="60dp"
            android:layout_weight="1"
            android:padding="10dp"
            android:layout_gravity="center"
            android:gravity="center_vertical"
            android:textSize="20dp"/>
    </LinearLayout>

    <Button
        android:layout_width="40dp"
        android:layout_height="40dp"
        android:layout_gravity="center"
        android:layout_marginRight="15dp"
        android:background="@drawable/btn_call"
        android:id="@+id/book_item_call"/>
</LinearLayout>
```

[코드 5.4.2] phonebook_listitem.xml

화면을 보면 제일 왼쪽에는 사진이 있고, 가운데 영역은 이름, 맨 오른쪽에는 전화걸기 버튼이 있다. 전화걸기 버튼을 누를 경우 전화 다이얼로 넘어가야하고, 전화버튼을 제외한 나머지 영역을 누를 경우 정보수정 화면으로 넘어가야한다.

그럼 먼저 제일 크게 영역을 나눌 때 전화걸기 버튼과 나머지 영역을 구분하는 작업을 해야한다. 그래서 최상위 레이아웃을 가로방향의 LinearLayout으로 정의하였고, 그 안에 나머지 영역을 정의할 LinearLayout과 전화걸기 버튼 2개를 정의하였다.

소스코드에서 각각의 요소를 불러와 클릭 이벤트를 주기 위해 ID값을 부여했고, 버튼에는 40dp 크기를 주고 LinearLayout에서 weight옵션으로 버튼을 제외한 모든 영역을 채우도록 했다.

```
<LinearLayout
    android:id="@+id/book_item"
    android:orientation="horizontal"
    android:layout_width="0dp"
    android:layout_height="60dp"
    android:layout_weight="1">
```

```
<Button
    android:layout_width="40dp"
    android:layout_height="40dp"
    android:layout_gravity="center"
    android:layout_marginRight="15dp"
    android:background="@drawable/btn_call"
    android:id="@+id/book_item_call"/>
```

그리고 아래의 코드에서 LinearLayout 내부를 보자. ImageView에는 사진을 세팅해주기 위해, 그리고 TextView에는 연락처에 있는 이름을 표시해주기 위해 ID값을 부여했다. 또한 이미지는 60dp의 크기를 주고 나머지의 영역은 TextView에게 모두 채우도록 했다.

또한 텍스트의 깔끔함을 위해 TextView에서 gravity 옵션으로 세로방향 중앙정렬을 시켜주었다.

```
<ImageView
    android:id="@+id/book_item_photo"
    android:layout_width="60dp"
    android:layout_height="60dp"
    android:src="@drawable/icon_man"/>

<TextView
    android:id="@+id/book_item_name"
    android:layout_width="0dp"
    android:layout_height="60dp"
    android:layout_weight="1"
    android:padding="10dp"
    android:layout_gravity="center"
    android:gravity="center_vertical"
    android:textSize="20dp"/>
```

▌ 연락처 추가 / 수정

이제 추가/수정에 쓰일 액티비티 레이아웃을 정의해보자. 완성된 레이아웃의 모양은 아래와 같다. 아래 [그림 5.4.3]은 수정상태의 화면이며 [그림 5.4.4]는 추가할 때의 화면이다. 추가할 때에는 전화, SMS보내기, 삭제 버튼을 숨겨주면 된다.

우리는 기본적으로 [그림 5.4.4]와 같은 화면으로 만들 것이며 수정모드일 경우에는 소스코드에서 레이아웃을 컨트롤하여 화면에 나타나도록 할 것이다.

[그림 5.4.3]

[그림 5.4.4]

먼저 아래의 전체 소스코드 [코드 5.4.3]을 보도록 하자.

이 소스의 경로는 res/layout/activity_form.xml이다.

```xml
<?xml version="1.0" encoding="utf-8"?>
<LinearLayout xmlns:android="http://schemas.android.com/apk/res/android"
    android:orientation="vertical"
    android:layout_width="match_parent"
    android:layout_height="match_parent">

    <ImageView
        android:id="@+id/form_photo"
        android:layout_width="100dp"
```

```xml
        android:layout_height="100dp"
        android:src="@drawable/icon_man"
        android:layout_gravity="center_horizontal"
        android:layout_marginTop="30dp"/>
    <TextView
        android:layout_width="match_parent"
        android:layout_height="wrap_content"
        android:textAlignment="center"
        android:text="@string/insert_photo_comment"
        android:layout_marginBottom="30dp"/>

    <LinearLayout
        android:id="@+id/form_action_layout"
        android:layout_width="match_parent"
        android:layout_height="wrap_content"
        android:orientation="horizontal"
        android:gravity="center"
        android:layout_marginBottom="30dp"
        android:visibility="gone">
        <Button
            android:id="@+id/form_action_call"
            android:layout_width="50dp"
            android:layout_height="50dp"
            android:layout_marginRight="30dp"
            android:background="@drawable/btn_call"/>

        <Button
            android:id="@+id/form_action_sms"
            android:layout_width="50dp"
            android:layout_height="50dp"
            android:background="@drawable/btn_sms"/>
    </LinearLayout>

    <LinearLayout
        android:layout_width="match_parent"
        android:layout_height="wrap_content"
        android:orientation="vertical"
        android:paddingLeft="15dp"
        android:paddingRight="15dp">

        <EditText
            android:id="@+id/form_name"
            android:layout_width="match_parent"
            android:layout_height="40dp"
            android:hint="@string/insert_name_hint"
            android:layout_marginBottom="20dp"/>

        <EditText
            android:id="@+id/form_phone"
            android:layout_width="match_parent"
            android:layout_height="40dp"
            android:hint="@string/insert_phone_hint"
            android:layout_marginBottom="20dp"/>

        <EditText
```

```
            android:id="@+id/form_email"
            android:layout_width="match_parent"
            android:layout_height="40dp"
            android:hint="@string/insert_email_hint"
            android:layout_marginBottom="20dp"/>

    </LinearLayout>

    <LinearLayout
        android:layout_width="match_parent"
        android:layout_height="wrap_content"
        android:orientation="horizontal"
        android:gravity="center"
        android:paddingLeft="15dp"
        android:paddingRight="15dp">
        <Button
            android:id="@+id/form_submit"
            android:layout_width="wrap_content"
            android:layout_height="wrap_content"
            android:text="@string/btn_save"/>

        <Button
            android:id="@+id/form_delete"
            android:layout_width="wrap_content"
            android:layout_height="wrap_content"
            android:text="@string/btn_delete"
            android:visibility="gone"/>
    </LinearLayout>
</LinearLayout>
```

[코드 5.4.3] activity_form.xml

최상위 레이아웃에는 세로 방향으로 레이아웃을 배치하기 위해 LinearLayout을 두었다. 그리고 그 안에는 ImageView, TextView, 3개의 LinearLayout이 있다.

제일 먼저 ImageView는 프로필로 사용할 사진을 보이는 곳이다. 또한 이 곳을 클릭하면 사진을 찍거나 갤러리에서 사진을 가져올 수 있다. 가운데 정렬을 위해 gravity 옵션을 주었고, marginTop 옵션으로 상단에 외부여백을 주었다.

```
<ImageView
    android:id="@+id/form_photo"
    android:layout_width="100dp"
    android:layout_height="100dp"
    android:src="@drawable/icon_man"
    android:layout_gravity="center_horizontal"
    android:layout_marginTop="30dp"/>
```

그 아래의 TextView는 사진 변경법 설명을 위한 뷰이다. 별 다른 기능은 없다. strings.xml에 저장해놓은 문자열을 불러와 보여준다. 텍스트 아래의 공간과의 여백을 주기 위해 marginBottom 옵션을 사용했다.

```
<TextView
    android:layout_width="match_parent"
    android:layout_height="wrap_content"
    android:textAlignment="center"
    android:text="@string/insert_photo_comment"
    android:layout_marginBottom="30dp"/>
```

이제 그 아래의 첫 번째 LinearLayout이다. 이 레이아웃은 전화걸기, 문자보내기 버튼이 있는 레이아웃이다. 그래서 기본적으로 숨김처리를 해두었다가 수정모드일 때만 보여줄 것이다.

아래의 코드에서 LinearLayout을 보면 visivility 옵션을 gone으로 주었다. 이렇게 옵션을 주면 화면에서 보이지 않을뿐더러 길이나 높이 등 영역도 차지하지 않는다. 즉 아예 없는 것과 같이 보인다.

그 안의 Button을 보면 background옵션으로 drawable 디렉토리에 있는 이미지를 불러와 버튼의 모양을 이미지로 만들었다. 또한 버튼간의 간격을 위해 첫 번째 버튼에는 marginRight 옵션으로 오른쪽 공백을 약간 주었다.

```
<LinearLayout
    android:id="@+id/form_action_layout"
    android:layout_width="match_parent"
    android:layout_height="wrap_content"
    android:orientation="horizontal"
    android:gravity="center"
    android:layout_marginBottom="30dp"
    android:visibility="gone">
    <Button
        android:id="@+id/form_action_call"
        android:layout_width="50dp"
        android:layout_height="50dp"
        android:layout_marginRight="30dp"
        android:background="@drawable/btn_call"/>

    <Button
        android:id="@+id/form_action_sms"
        android:layout_width="50dp"
        android:layout_height="50dp"
        android:background="@drawable/btn_sms"/>
</LinearLayout>
```

그 아래의 2번째 LinearLayout은 정보를 입력하는 곳이다. orientation 옵션을 vertical로 주어 세로 레이아웃으로 만들었다. 또한 미관상 양쪽에 15dp의 여백을 주었다.

그 안에는 정보들을 입력받기 위해 EditText를 사용했으며 hint 옵션으로 사용자가 무엇을 입력해야 하는지 알수 있게 하였다. hint 안의 문자열들은 strings.xml에서 불러왔다.

```xml
<LinearLayout
    android:layout_width="match_parent"
    android:layout_height="wrap_content"
    android:orientation="vertical"
    android:paddingLeft="15dp"
    android:paddingRight="15dp">

    <EditText
        android:id="@+id/form_name"
        android:layout_width="match_parent"
        android:layout_height="40dp"
        android:hint="@string/insert_name_hint"
        android:layout_marginBottom="20dp"/>

    <EditText
        android:id="@+id/form_phone"
        android:layout_width="match_parent"
        android:layout_height="40dp"
        android:hint="@string/insert_phone_hint"
        android:layout_marginBottom="20dp"/>
    <EditText
        android:id="@+id/form_email"
        android:layout_width="match_parent"
        android:layout_height="40dp"
        android:hint="@string/insert_email_hint"
        android:layout_marginBottom="20dp"/>

</LinearLayout>
```

그리고 마지막 LinearLayout은 저장과 삭제버튼이 있는 곳이다. 삭제버튼 역시 입력모드에선 볼 수 없으므로 숨겨야한다.

LinearLayout은 가로배치이므로 orientation 옵션을 horizontal로 주었다.

그리고 버튼에 사용되는 텍스트는 모두 strings.xml에서 불러왔고, 삭제버튼에는 visivility 옵션을 gone으로 주어 아예 보이지 않게 설정해놨다.

```xml
<LinearLayout
    android:layout_width="match_parent"
    android:layout_height="wrap_content"
    android:orientation="horizontal"
    android:gravity="center"
    android:paddingLeft="15dp"
```

```
        android:paddingRight="15dp">
    <Button
        android:id="@+id/form_submit"
        android:layout_width="wrap_content"
        android:layout_height="wrap_content"
        android:text="@string/btn_save"/>

    <Button
        android:id="@+id/form_delete"
        android:layout_width="wrap_content"
        android:layout_height="wrap_content"
        android:text="@string/btn_delete"
        android:visibility="gone"/>
</LinearLayout>
```

레이아웃의 디자인은 끝났다. 이제 코틀린으로 소스코드를 짜보며 코틀린을 익혀보자.

05 Realm 모델 클래스

데이터베이스 스키마를 정의하기 위해 모델클래스를 먼저 만들어보자. 소스에 model 패키지를 만들고 그곳에 코틀린 클래스를 만들어주자. 파일명은 PhoneBook.kt이다.

데이터베이스에 저장할 내용은 아래와 같다.

1. 사진파일 경로
2. 이름
3. 휴대폰번호
4. 이메일

여기에 추가적으로 각 연락처를 구분할 수 있는 Primary Key가 필요하다. 이를 바탕으로 이전에 Realm 모델 클래스를 만들었던 것과 동일한 방법으로 만든 모델클래스는 아래의 [코드 5.5.1]과 같다.

Realm에서 스키마로 사용할 수 있도록 RealmObject를 상속받았다. 또한 모든 필드를 주 생성자에서 정의했으며 인자가 없는 생성자를 정의할 수 있도록 하기 위해 모든 필드에 기본값을 부여했다. 그리고 @PrimaryKey 어노테이션으로 id 필드에 기본키라는 것을 명시했다.

```kotlin
package kr.devdogs.kotlinbook.phonebook.model

import io.realm.RealmObject
import io.realm.annotations.PrimaryKey


open class PhoneBook(@PrimaryKey var id: Int = 0,
                    var photoSrc: String? = null,
                    var name: String? = null,
                    var phone: String? = null,
                    var email: String? = null) : RealmObject()
```

[코드 5.5.1] model.PhoneBook

06 연락처 추가

FormActivity 생성

메인은 검색과 리스트를 보여주는곳인데 처음엔 데이터가 없어 확인이 어려우니 연락처를 추가하는 것을 먼저 진행하도록 하겠다. 추가 액티비티로 넘어가려면 먼저 메인 액티비티를 지나가야하므로 기본적인 MainActivity를 개발하고 연락처 추가 액티피티로 넘어가도록 하겠다.

제일 먼저 FormActivity가 있긴 해야 넘어갈 수 있으니 액티비티를 먼저 만들어주도록 하겠다. activity 패키지를 따로 만들어주고, 그 곳에 오른쪽 클릭 > New > Kotlin Activity를 클릭하여 FormActivity라는 이름으로 만들어주도록 하자. activity_form.xml 레이아웃 파일은 우리가 미리 만들어뒀으니 레이아웃 파일을 생성할 필요는 없다.

[그림 5.6.1]　　　　　　　　　　　[그림 5.6.2]

MainActivity와 연결

이제 MainActivity.kt 파일에 레이아웃을 불러와 연결하고, 추가 버튼을 클릭할 시 연락처 추가 액티비티로 넘어가는 코드를 추가하자.

제일 먼저 멤버변수를 정의하자. 연락처 리스트를 표시할 ListView와 연락처 추가 화면으로 넘어가게 할 Button, 그리고 검색창에 사용할 EditText를 정의했다.

```
private var phoneBookListView: ListView? = null
private var insertBtn: Button? = null
private var searchText: EditText? = null
```

그리고 뷰 요소를 불러오는 코드는 별도의 메소드로 분리하였다. initView() 메소드를 만들고 아래 [코드 5.6.1]
과 같이 코드를 추가해주자. [코드 5.6.1] 아래의 [코드 5.6.2]는 자바 코드이다.

레이아웃에서 뷰를 불러와 멤버변수에 넣어주고, 연락처 추가 버튼을 클릭하면 FormActivity로 넘어가도록
했다. this@ 키워드로 this가 MainActivity를 가리키는 것을 명시해주었다.

자바와 비교해보자면 자바에서 괄호로 형변환 해주는 것에 비해 코드를 보기 편하다. 변환되는 형태가 뒤에
있으므로 불러온 뷰가 어떤 타입인지 추후에 보기도 좋다.

또한 연락처 추가 버튼에 이벤트를 거는 코드도 자바에 비해 매우 간결하다. 익명클래스에 오버라이딩까지
겹치는 코드 때문에 자바코드는 너무 복잡해보이지만 코틀린 코드는 클릭 시 어떤 액션이 취해지는지 바로 볼
수 있다.

API23 이상부터 사용할 수 있는 자바의 람다에 비해서도 약간 더 간결하다.

```
private fun initView() {
    phoneBookListView = findViewById(R.id.main_tel_list) as ListView
    insertBtn = findViewById(R.id.main_btn_insert) as Button
    searchText = findViewById(R.id.main_search_text) as EditText

    insertBtn?.setOnClickListener {
        val insertViewIntent = Intent(this@MainActivity,
FormActivity::class.java)
        startActivity(insertViewIntent)
    }
}
```

[코드 5.6.1] initView (코틀린)

```
private void initView() {
    phoneBookListView = (ListView) findViewById(R.id.main_tel_list);
    insertBtn = (Button) findViewById(R.id.main_btn_insert);
    searchText = (EditText) findViewById(R.id.main_search_text);

    insertBtn.setOnClickListener(new View.OnClickListener() {
        @Override
        public void onClick(View view) {
            Intent insertViewIntent = new Intent(MainActivity.this,
FormActivity.class);
```

```
            startActivity(insertViewIntent);
        }
    });
}
```

[코드 5.6.2] initView (자바)

FormActivity 개발

이제 연락처를 추가하는 코드를 작성해보자. 수정하는 코드는 추후에 추가하고 먼저 추가와 관련된 코드만 작성해보겠다.

제일 먼저 상수를 정의하겠다. 여기서 정의할 상수는 추가/수정 모드를 구분하거나, 카메라 혹은 갤러리 액티비티에서 결과를 리턴했을 때 구분코드이다. 아래의 코드를 FormActivity 안에 추가해주자.

companion object는 자바에서의 static과 같은 표현이다. 이 코드블록 안에 있는 모든 것들은 자바에서의 static 변수, 상수, 함수처럼 사용할 수 있다.

```
companion object {
    val MODE_INSERT = 100
    val MODE_UPDATE = 101

    private val REQ_TAKE_PICTURE = 200
    private val REQ_PICK_GALARY = 201

    private val SELECT_TAKE_PICTURE = 0
    private val SELECT_PICK_GALARY = 1
}
```

이를 자바에서 정의했을 때는 아래와 같았다.

```
public static final int MODE_INSERT = 0;
public static final int MODE_UPDATE = 1;

private static final int REQ_TAKE_PICTURE = 100;
private static final int REQ_PICK_GALARY = 200;

private static final int SELECT_TAKE_PICTURE = 0;
private static final int SELECT_PICK_GALARY = 1;
```

그리고 멤버변수를 정의했다. 레이아웃에서 가져올 뷰의 요소들을 정의하고, 데이터를 저장할 Realm과 사진이 저장된 경로를 담을 photoPath를 정의했다.

그 아래의 View요소들은 수정에 사용되는 전화, SMS, 삭제 버튼과 뷰이다. 그 아래는 추가/수정모드를 구분할 모드변수와 만약 수정모드일 경우 현재 수정 중인 연락처를 나타내는 currentPhoneBook 변수가 있다.

모드변수에는 추가모드를 기본으로 설정해주었다.

```kotlin
private var submitBtn: Button? = null
private var photoView: ImageView? = null
private var nameView: EditText? = null
private var phoneView: EditText? = null
private var emailView: EditText? = null

private var realm: Realm? = null
private var photoPath: String? = null

private var actionView: LinearLayout? = null
private var callBtn: Button? = null
private var smsBtn: Button? = null
private var deleteBtn: Button? = null

private var mode: Int = MODE_INSERT
private var currentPhoneBook: PhoneBook? = null
```

그리고 여기에서도 initView 메소드를 정의하여 레이아웃에서 각 뷰를 가져오게 하고, onCreate() 메소드에서 initView()를 호출하도록 추가해주자.

```kotlin
private fun initView() {
    photoView = findViewById(R.id.form_photo) as ImageView
    nameView = findViewById(R.id.form_name) as EditText
    phoneView = findViewById(R.id.form_phone) as EditText
    emailView = findViewById(R.id.form_email) as EditText
    submitBtn = findViewById(R.id.form_submit) as Button
    actionView = findViewById(R.id.form_action_layout) as LinearLayout
    deleteBtn = findViewById(R.id.form_delete) as Button
    callBtn = findViewById(R.id.form_action_call) as Button
    smsBtn = findViewById(R.id.form_action_sms) as Button
```

```kotlin
override fun onCreate(savedInstanceState: Bundle?) {
    super.onCreate(savedInstanceState)
    setContentView(R.layout.activity_form)

    initView()
}
```

그리고 사진을 찍거나 갤러리에서 가져오는 것을 개발할 것이다.

먼저 사진을 찍는 메소드를 추가하자. 이 코드는 매우 간단하다. 사진을 찍는 인텐트를 만들고 결과를 리턴하도록 startActivityForResult 메소드에 띄워 보내는 것이다. startActivityForResult 메소드의 두 번째 인자는 추후 결과가 리턴되었을 때 어떤 작업의 리턴인지를 구분하기 위한 값이다. 우리는 처음에 정의한 상수 REQ_TAKE_PICTURE를 보냈다. 사진을 찍은 후 onActivityResult에서 결과를 받을 때 해당 값으로 결과를 받을 수 있다.

```
private fun takePicture() {
    val intent = Intent(MediaStore.ACTION_IMAGE_CAPTURE)
    startActivityForResult(intent, REQ_TAKE_PICTURE)
}
```

다음은 갤러리에서 사진을 가져오는 코드이다. 이 코드도 간단하다. 파일을 가져오게 하는데 외부저장소에 있는 이미지만을 가져오도록 설정해주고, 카메라와 동일하게 결과를 리턴하도록 startActivityForResult 메소드로 띄우면 된다. 여기서는 나중에 받을 결과 구분값으로 처음에 정의한 상수인 REQ_PICK_GALARY를 보냈다.

```
private fun getPhotoFromGalary() {
    val intent = Intent(Intent.ACTION_PICK)
    intent.data = MediaStore.Images.Media.EXTERNAL_CONTENT_URI
    intent.type = "image/*"
    startActivityForResult(Intent.createChooser(intent, "Select
Picture"), REQ_PICK_GALARY)
}
```

이제 리턴되는 결과값을 처리하는 onActivityForResult 메소드를 오버라이딩할 것이다. 아래의 [코드 5.6.3] 을 보자. onActivityForResult 메소드의 매개변수 requestCode는 우리가 startActivityForResult 메소드에 담아 보낸 그 값이다.

사진을 찍었을 경우는 requestCode가 REQ_TAKE_PICTURE일 때이다. 이 때는 결과값으로 사진의 썸네일이 담겨온다. 우리는 원본만큼 고해상도의 이미지가 필요 없으므로 넘어온 썸네일을 그대로 사용할 것이다.

먼저 썸네일을 꺼내 Bitmap으로 형변환을 시켜준다. 그리고 createScaledBitmap 메소드를 통해 100x100 사이즈의 이미지로 리사이징을 해준 다음 별도로 정의한 BitmapUtils의 rotate 메소드로 이미지를 90도 회전시켜준다. 그 이유는 썸네일이 넘어올 때 회전된 상태로 넘어오기 때문이다. 또한 리사이징을 먼저 한 후 회전시켜준 이유는 연산하는 양에서 리사이징을 먼저 해주는 것이 더 빠르기 때문이다. BitmapUtils 메소드는 이 다음에서 볼 수 있다.

그 후 BitmapUtils에서 saveBitmap 메소드로 지정된 경로에 우리가 변환한 이미지를 저장해주고 리턴되는 저장된 경로는 photoPath 멤버변수에 저장해준다. 그리고 photoView에 이미지를 띄워줌으로써 사용자가 찍은 사진을 확인할 수 있도록 했다.

갤러리에서 사진을 가져온 경우에는 requestCode가 REQ_PICK_GALARY일 경우이다. 이 경우는 갤러리에 있는 사진 파일의 경로가 Uri의 형태로 넘어온다. 이 파일을 읽어오기 위해 contentResolver를 사용하여 Stream을 열어주었다.

코드와 같이 use를 사용하면 스트림을 매개변수로 사용하는 람다 표현식을 사용할 수 있다. 또한 이 메소드는 사용이 끝난 후 자동으로 close()가 되기 때문에 리소스 반환에도 편리하다.

람다의 매개변수로 전달된 it(스트림)을 이용하여 비트맵 이미지를 읽어왔다. 이 또한 100x100사이즈의 이미지로 리사이징 해주고 따로 저장해주었다.

그리고 스트림을 열 때 혹시 없는 파일일 수 있으므로 예외처리를 해주었다.

```kotlin
public override fun onActivityResult(requestCode: Int, resultCode: Int,
data: Intent) {
    if (resultCode == Activity.RESULT_OK) {
        if (requestCode == REQ_TAKE_PICTURE) {
            val thumbnail = data.extras.get("data") as Bitmap
            var dst = Bitmap.createScaledBitmap(thumbnail, 100, 100,
true)
            dst = BitmapUtils.rotate(dst, 90)

            photoPath = BitmapUtils.saveBitmap(dst)
            photoView?.setImageBitmap(dst)
        } else if (requestCode == REQ_PICK_GALARY) {
            try {
                contentResolver.openInputStream(data.data).use {
                    var photo = BitmapFactory.decodeStream(it)
                    photo = Bitmap.createScaledBitmap(photo, 100, 100,
true)

                    photoPath = BitmapUtils.saveBitmap(photo)
                    photoView?.setImageBitmap(photo)
                }
            } catch (e: FileNotFoundException) {
                Toast.makeText(this, "이미지를 불러오는데 실패했습니다.", Toast.
LENGTH_SHORT)
            }
        }
    }
}
```

[코드 5.6.3] onActivityResult

다른 코드로 진행하기 전에 이미지를 회전하고 저장하는데 사용한 BitmapUtils 클래스를 살펴보자. 이 클래스는

utils 패키지를 별도로 만들고 BitmapUtils 클래스를 생성해주자. 이 클래스는 유틸클래스이므로 싱글톤 형태로 만들 것이다. 그래서 여태까지와 다르게 class 키워드가 아닌 object 키워드로 클래스를 정의해주자.

코틀린에서는 object 키워드로 싱글톤을 쉽게 만들 수 있다. 이 클래스 안의 요소들은 static으로 사용하는 것처럼 별도의 객체생성 없이 사용할 수 있다.

rotate 메소드는 비트맵과 회전할 각도를 매개변수로 받는다. 그래서 매트릭스 객체를 이용해 이미지의 중심을 기준으로 입력받은 각도만큼 회전시킨 새로운 비트맵을 생성해준다.

또한 saveBitmap 메소드는 현재 시간으로 파일명을 만들어 지정된 경로에 저장하고 저장된 경로를 리턴해준다.

```kotlin
object BitmapUtils {
    fun rotate(bitmap: Bitmap?, degrees: Int): Bitmap? {
        if (degrees != 0 && bitmap != null) {
            val m = Matrix()
            m.setRotate(degrees.toFloat(), bitmap.width.toFloat() / 2,
                    bitmap.height.toFloat() / 2)

            val converted = Bitmap.createBitmap(bitmap, 0, 0,
                    bitmap.width, bitmap.height, m, true)

            return converted
        }
        return bitmap
    }

    fun saveBitmap(bitmap: Bitmap): String {
        val fileName = System.currentTimeMillis().toString() + ".jpg"
        val dir = File(Environment.getExternalStorageDirectory().
                absolutePath
                + "/phonebook/" + fileName)

        if (!dir.parentFile.exists()) {
            dir.parentFile.mkdirs()
        }

        FileOutputStream(dir).use {
            bitmap.compress(Bitmap.CompressFormat.JPEG, 100, it)
        }

        return dir.path
    }
}
```

[코드 5.6.4] BitmapUtils

이제 사진영역을 클릭했을 때 카메라로 찍을 것인지, 갤러리에서 가져올 것인지 선택하고 액션을 취하는 메소드를 작성할 것이다.

아래 [코드 5.6.5]를 보면 카메라로 찍을 것인지, 앨범에서 가져올 것인지 선택하는 다이얼로그를 띄운다. setItems로 선택지를 추가하고, 버튼 클릭시 액션은 람다로 정의하였다. 어떤 버튼을 선택했는지의 숫자는 처음에 상수로 정의했었다. 그 상수로 액션을 구분하고 사진을 찍을지, 가져올지의 메소드를 별도로 실행한다.

그리고 추가적으로 취소버튼을 추가해주었다. 람다에서 사용하지 않는 매개변수는 언더바(_)로 표현할 수 있다.

```kotlin
private fun getPhotoImage() {
    val items = arrayOf("카메라에서 가져오기", "앨범에서 가져오기")
    val ab = AlertDialog.Builder(this)

    ab.setTitle("사진 가져오기")
    ab.setItems(items) { dialog, whichButton ->
        if (whichButton == SELECT_TAKE_PICTURE) {
            takePicture()
        } else if (whichButton == SELECT_PICK_GALARY) {
            getPhotoFromGalary()

        }
    }.setNegativeButton("취소") { dialog, _ -> dialog.cancel() }
    ab.show()
}
```

[코드 5.6.5]

그리고 initView() 메소드의 제일 아래에 사진영역을 클릭하면 다이얼로그가 뜨도록 아래의 코드를 추가해주자.

```kotlin
photoView?.setOnClickListener { getPhotoImage() }
```

여기까지 됐으면 어플을 실행하여 테스트가 가능하다. 어플을 실행해서 연락처 추가 화면으로 넘어가고 사진영역을 터치하면 [그림 5.6.3]처럼 선택 다이얼로그가 뜨고, 사진을 가져오면 [그림 5.6.4]처럼 사진이 선택된다.

[그림 5.6.3]   [그림 5.6.4]

이제 데이터를 입력받아 데이터베이스에 추가하는 것을 만들어보자.

먼저 Realm Instance를 가져오고 액티비티를 닫을 때 close 시켜주는 코드를 작성하자. 아래처럼 onCreate 메소드를 변경해주고, onDestroy 메소드를 오버라이딩해주자.

```kotlin
override fun onCreate(savedInstanceState: Bundle?) {
    super.onCreate(savedInstanceState)
    setContentView(R.layout.activity_form)
    Realm.init(applicationContext)
    realm = Realm.getDefaultInstance()

    initView()
}
```

```
override fun onDestroy() {
    super.onDestroy()
    realm?.close()
}
```

그리고 이제 저장버튼을 눌렀을 때 연락처가 저장될 수 있도록 이벤트 리스너를 추가해줄 것이다.

제일 먼저 뷰에서 입력된 정보를 가져온다. 그 중에 이름과 휴대폰번호는 필수이므로 유효성검사를 통해 값이 비어있다면 경고 메시지를 출력하고 메소드를 리턴시킨다. 리턴할 때 어떤 함수를 리턴할지 정해주기위해 setOnClickListener라고 명시해주었다.

그리고 삽입의 작업이므로 Realm에서 트랜잭션 블록을 만들었다. 만약 연락처 추가모드라면 currentPhoneBook 객체를 새로 생성해준다.

그리고 id값중 최고로 높은 값을 가져와 +1한 값을 아이디로 부여해준다. 만약 제일 높은 값이 null이라면, 즉 첫 번째 삽입이면 1을 부여해준다.

그리고 나머지 작업은 수정작업과 공통된다. EditText에 입력된 값들을 currentPhoneBook 객체에 넣어주는데 코틀린은 setter도 자동 호출이므로 바로 대입으로 값을 넣을 수 있었다, Realm의 insertOrUpdate 메소드로 변경사항을 적용시켜준다. 여기서 currentBook은 null값을 가질 수 있는 타입이므로 let 구문으로 안전하게 처리해주었다.

그리고 입력이 완료되면 액티비티를 종료시킨다.

```
submitBtn?.setOnClickListener {
    val name = nameView?.text.toString()
    val phone = phoneView?.text.toString()
    val email = emailView?.text.toString()

    if ("" == name || "" == phone) {
        Toast.makeText(this@FormActivity,
                "이름, 휴대폰은 필수입니다",
                Toast.LENGTH_SHORT)
        return@setOnClickListener
    }

    realm?.executeTransaction { realm ->
        if (mode == MODE_INSERT) {
            currentPhoneBook = PhoneBook()
            val currentIdNum = realm
                    .where<PhoneBook>(PhoneBook::class.java)
                    .max("id")
            val nextId = (currentIdNum?.toInt() ?: 0) + 1
            currentPhoneBook?.id = nextId
```

```
        }

        currentPhoneBook?.let {
            it.name = name
            it.phone = phone
            it.email = email
            it.photoSrc = photoPath

            realm.insertOrUpdate(it)
        }
    }

    finish()
}
```

[코드 5.6.6] 저장버튼 클릭시 액션 (코틀린)

데이터 입력부분이 완료되었다. 이제 다시 메인화면으로 돌아가서 리스트 조회와 검색을 구현해보고 입력된 데이터를 확인해보자.

07 목록 조회 및 검색

PhoneBookListAdapter

우리가 데이터를 불러와서 목록을 ListView에 띄우려면 Adapter가 필요하다. Adapter의 역할은 데이터 리스트를 가지고 데이터 각각의 뷰를 생성하여 띄워주는 것이다.

adapter 패키지를 만들고, 그 곳에 PhoneBookListAdapter 클래스를 생성해주자. 이 클래스는 기존에 존재하는 ArrayAdapter<E> 클래스를 상속받아 만들 것이다. [코드 5.7.1]은 이 PhoneBookListAdapter 클래스의 전체 코드이다. 이 클래스는 getView 메소드 하나만 오버라이딩하므로 그렇게 길지 않다.

```kotlin
package kr.devdogs.kotlinbook.phonebook.adapter

import android.content.Context
import android.content.Intent
import android.graphics.BitmapFactory
import android.net.Uri
import android.view.LayoutInflater
import android.view.View
import android.view.ViewGroup
import android.widget.ArrayAdapter
import android.widget.Button
import android.widget.ImageView
import android.widget.LinearLayout
import android.widget.TextView

import kr.devdogs.kotlinbook.phonebook.R
import kr.devdogs.kotlinbook.phonebook.activity.FormActivity
import kr.devdogs.kotlinbook.phonebook.model.PhoneBook

class PhoneBookListAdapter(context: Context,
                           private val viewId: Int,
                           var items: List<PhoneBook>?) :
ArrayAdapter<PhoneBook>(context, viewId, items) {

    override fun getView(position: Int, convertView: View?, parent:
ViewGroup): View? {
        var view = convertView
        view ?: let {
            val vi = context.getSystemService(Context.LAYOUT_INFLATER_
```

```kotlin
            SERVICE) as LayoutInflater
            view = vi.inflate(this.viewId, null)
        }

        items?.let {
            val item = it[position]

            if (item != null) {
                val photoView = view!!.findViewById(R.id.book_item_photo)
as ImageView
                val itemLayout = view!!.findViewById(R.id.book_item) as
LinearLayout
                val nameView = view!!.findViewById(R.id.book_item_name) as
TextView
                val callView = view!!.findViewById(R.id.book_item_call) as
Button

                if (item.photoSrc == null) {
                    photoView.setImageDrawable(
                            context.getDrawable(R.drawable.icon_man))
                } else {
                    photoView.setImageBitmap(
                            BitmapFactory.decodeFile(Uri.parse(item.
photoSrc).path))
                }

                nameView.text = item.name
                callView.setOnClickListener {
                    val intent = Intent(Intent.ACTION_DIAL, Uri.
parse("tel:" + item.phone))
                    context.startActivity(intent)
                }

                itemLayout.setOnClickListener {
                    val modifyViewIntent = Intent(context,
FormActivity::class.java)
                    modifyViewIntent.putExtra("mode", FormActivity.MODE_
UPDATE)
                    modifyViewIntent.putExtra("bookId", item.id)
                    context.startActivity(modifyViewIntent)
                }
            }
        }

        return view
    }
}
```

[코드 5.7.1] PhoneBookListAdapter

먼저 생성자에서 context와 레이아웃의 아이디값, 리스트뷰에 표출할 값들이 담긴 리스트를 매개변수로 받고 이를 부모클래스에 그대로 보내준다. 여기서 우리가 사용할 viewId는 처음에 우리가 레이아웃에서 정의한 phonebook_listitem.xml 파일의 레이아웃의 ID이다.

이 레이아웃의 하나하나의 모습은 코드 아래의 [그림 5.7.1]과 같다.

[그림 5.7.1] 아이템 하나의 레이아웃

그리고 getView 메소드를 오버라이딩한다. 이 메소드는 리스트에서 데이터 하나하나의 뷰를 만들어 리턴하는 메소드이다.

position은 뷰의 위치. 즉 데이터의 인덱스이다 contentView는 해당 위치의 뷰이다. 여기서 뷰가 null이라면 우리는 생성자에서 입력받은 뷰의 ID로 새로운 뷰를 생성해서 사용한다.

```kotlin
override fun getView(position: Int, convertView: View?, parent:
ViewGroup): View? {
    var view = convertView
    view ?: let {
        val vi = context.getSystemService(Context.LAYOUT_INFLATER_
SERVICE)
            as LayoutInflater
        view = vi.inflate(this.viewId, null)
    }
```

그 다음을 보면 리스트가 null이 아니라면 포지션에 해당하는 데이터를 가져온다. 그리고 view에서 id로 요소를 가져온다. !!를 붙인 것은 이 변수가 null이 아니라는 것을 강제하는 것이다. 우리는 방금 view에 대해 null 검사를 마쳤기 때문에 null이 아님을 보장할 수 있기에 !!를 사용했다.

그리고 사진이 없다면 기본 사진으로 대체하고, 사진이 있으면 그 사진을 뷰에 띄워준다. 그리고 이름 데이터도 TextView에 띄워준다.

```kotlin
items?.let {
    val item = it[position]

    if (item != null) {
        val photoView = view!!.findViewById(R.id.book_item_photo) as
ImageView
        val itemLayout = view!!.findViewById(R.id.book_item) as
LinearLayout
        val nameView = view!!.findViewById(R.id.book_item_name) as
```

```
TextView
        val callView = view!!.findViewById(R.id.book_item_call) as Button

    if (item.photoSrc == null) {
        photoView.setImageDrawable(
                context.getDrawable(R.drawable.icon_man))
    } else {
        photoView.setImageBitmap(
                BitmapFactory.decodeFile(Uri.parse(item.photoSrc).
path))
    }

    nameView.text = item.name
```

마지막으로 이벤트를 걸어준다. 전화버튼을 클릭하면 해당 연락처의 휴대폰번호로 전화를 거는 다이얼 화면을 띄운다. 그리고 그 외의 영역을 클릭하면 수정화면을 띄우게 한다. 인텐트를 띄우며 extra에 수정모드임을 알려주는 값과 수정할 연락처의 id를 넘겨주고 액티비티를 띄운다.

그럼 FormActivity에서 이 값을 사용하여 수정모드를 설정해주면 된다.

```
callView.setOnClickListener {
    val intent = Intent(Intent.ACTION_DIAL, Uri.parse("tel:" + item.
phone))
    context.startActivity(intent)
}

itemLayout.setOnClickListener {
    val modifyViewIntent = Intent(context, FormActivity::class.java)
    modifyViewIntent.putExtra("mode", FormActivity.MODE_UPDATE)
    modifyViewIntent.putExtra("bookId", item.id)
    context.startActivity(modifyViewIntent)
}
```

리스트 조회 및 검색

이제 다시 MainActivity로 돌아와 리스트 조회하는 것을 구현하자.

메인 화면에서 남은 것은 목록 조회와 검색뿐이다. 이제 조회와 검색에 사용할 멤버변수부터 정의해주자. 우리가 정의한 어댑터와 데이터 목록을 관리할 리스트, 그리고 데이터베이스로 사용할 Realm을 추가적으로 멤버변수에 추가해줬다.

```
private var items: ArrayList<PhoneBook>? = null
```

```
private var adapter: PhoneBookListAdapter? = null
private var realm: Realm? = null
```

그리고 onCreate() 메소드에 멤버변수들을 초기화해주는 코드를 추가해주자. Realm 인스턴스를 가져오고, 리스트와 어댑터 객체를 각각 생성해주었다. 어댑터에는 레이아웃을 우리가 미리 정의해두었던 phonebook_listitem 레이아웃을 전달했다.

그리고 ListView의 어댑터를 우리가 정의한 어댑터로 설정해주었다.

그리고 Realm을 사용한 다음 close() 해줘야 하므로 onDestroy 메소드도 오버라이딩 해준다.

```
override fun onCreate(savedInstanceState: Bundle?) {
    super.onCreate(savedInstanceState)
    setContentView(R.layout.activity_main)
    permissionCheck()
    initView()

    Realm.init(applicationContext)
    realm = Realm.getDefaultInstance()
    Items = ArrayList<PhoneBook>()
    adapter = PhoneBookListAdapter(this, R.layout.phonebook_listitem,
items)
    phoneBookListView?.adapter = adapter
}
```

```
override fun onDestroy() {
    super.onDestroy()
    realm?.close()
}
```

그리고 이제 검색과 조회를 함께 하는 메소드를 정의한다. 이 메소드는 생각보다 매우 간단하다.

먼저 items.clear() 메소드로 리스트를 전부 비워준다. 그리고 Realm에서 질의 메소드를 통해 값을 가져온다. 매개변수로 받은 name 문자열로 시작하는 모든 것을 가져오고, 이를 이름 기준 오름차순으로 정렬한다.

그럼 allUser에는 결과 리스트가 담기게 되고 for-each문으로 리스트에 추가해준다. 그리고 어댑터에 있는 notifyDataSetChanged() 메소드로 어댑터에 요소들이 변경됐음을 알려준다.

MainActivity와 어댑터는 같은 리스트를 공유하고 있으므로 MainActivity에서 데이터를 변경해도 어댑터가 이를 인지하고 변경에 사용할 수 있다.

```kotlin
private fun findByName(name: String) {
    items?.clear()
    val allUser = realm!!.where<PhoneBook>(PhoneBook::class.java)
            .beginsWith("name", name)
            .findAll()
            .sort("name")
    for (p in allUser) {
        items?.add(p)
    }

    adapter?.notifyDataSetChanged()
}
```

그럼 이제 이 메소드를 사용해보자. 리스트는 연락처를 등록하고 돌아오는 경우도 있으므로 화면이 띄워질 때마다 갱신을 시켜줘야한다. 그래서 MainActivity에서 onResume() 메소드를 오버라이딩해주어 여기서 리스트를 갱신해주도록 해야한다.

비어있는 EditText에서 문자열을 가져오면 비어있는 문자열 ""을 가져오므로 EditText가 비어있는 경우에는 모든 연락처를 가져오게 할 수 있다.

```kotlin
override fun onResume() {
    super.onResume()
    findByName(searchText?.text.toString())
}
```

또한 EditText에 문자를 입력할 때마다 계속 조건에 맞는 연락처를 검색하여 리스트를 갱신해주어야 하므로 initView() 함수의 제일 마지막 부분에 검색 EditText에 onKeyListener를 추가해주도록 하자.

매개변수로 전달되는 모든 요소들은 사용하지 않을 것이므로 언더바(_)로 표현하였다. 키를 하나하나 입력할 때마다 EditText의 문자열로 시작하는 모든 연락처를 검색하여 리스트를 갱신하도록 설정했다. 또한 OnKeyListener는 boolean 타입을 리턴하므로 false를 리턴해주었다.

```kotlin
searchText?.setOnKeyListener { _, _, _ ->
    findByName(searchText?.text.toString())
    false
}
```

이로써 리스트 조회와 검색은 끝났다. 다음장에선 기존 연락처를 조회 및 수정하는 부분을 개발해보겠다.

08 연락처 조회 및 수정

연락처 조회 및 수정

이전에 PhoneBookListAdapter를 구현할 때 뷰를 클릭하면 FormActivity에 데이터를 넘기며 넘어가도록
구현했었다.

```kotlin
itemLayout.setOnClickListener {
    val modifyViewIntent = Intent(context, FormActivity::class.java)
    modifyViewIntent.putExtra("mode", FormActivity.MODE_UPDATE)
    modifyViewIntent.putExtra("bookId", item.id)
    context.startActivity(modifyViewIntent)
}
```

이제 FormActivity에서 이 데이터들을 받아 수정관련 로직을 처리할 수 있도록 만들어보자. 메소드 하나만
추가하면 수정과 관련된 모든 로직을 처리할 수 있다. FormActivity를 열어 아래와 같이 setMode() 메소드를
추가해주자.

```kotlin
private fun setMode() {

}
```

그리고 onCreate 메소드의 제일 아래에 이 메소드를 호출해주도록 코드를 수정해주자.

```kotlin
override fun onCreate(savedInstanceState: Bundle?) {
    super.onCreate(savedInstanceState)
    setContentView(R.layout.activity_form)
    Realm.init(applicationContext)
    realm = Realm.getDefaultInstance()

    initView()
    setMode()
}
```

메소드에 먼저 모드를 구분할 수 있도록 인텐트로 넘어온 모드 값을 받도록 하자. 두 번째 인자는 값이 없을 경우 기본값을 지정해주는 것이다. 만약 "mode"로 넘어온 값이 없다면 mode는 추가모드가 된다.

```
mode = intent.getIntExtra("mode", MODE_INSERT)
```

만약 수정모드라면 추가적으로 넘어온 ID값을 받아오고 만약 넘어오지 않았다면 -1을 기본값으로 넣는다. 그래서 ID값이 넘어오지 않았다면 경고 메세지와 함께 액티비티를 종료시킨다. 앞으로 나오는 모든 코드는 if 문 안에 넣는다.

```
if (mode == MODE_UPDATE) {
    val phoneId = intent.getIntExtra("bookId", -1)

    if (phoneId == -1) {
        Toast.makeText(this, "잘못된 접근입니다.", Toast.LENGTH_SHORT)
        finish()
        return
    }
        .
        .
}
```

Realm에서 ID값이 일치하는 연락처를 불러온다. 만약 존재하지 않는 연락처라 null값이 리턴된다면 이를 검사하여 경고메세지를 띄우고 액티비티를 종료시킨다. realm은 우리가 처음에 설정해주었기 때문에 null 값이 아님이 보장된다.

```
currentPhoneBook = realm!!.where<PhoneBook>(PhoneBook::class.java)
        .equalTo("id", phoneId)
        .findFirst()

currentPhoneBook ?: let {
    Toast.makeText(this, "존재하지 않는 연락처입니다", Toast.LENGTH_SHORT)
    finish()
    return
}
```

EditText 들에 각각의 데이터들을 넣어준다. 그리고 photoView에도 이미지 경로로 Bitmap을 만들어 이미지를 세팅해준다. 만약 프로필이 없다면 기본 사진으로 세팅해준다. 그리고 기존의 이미지 경로를 멤버변수인 photoPath에 넣어준다.

```kotlin
nameView?.setText(currentPhoneBook!!.name)
phoneView?.setText(currentPhoneBook!!.phone)
emailView?.setText(currentPhoneBook!!.email)

if (currentPhoneBook!!.photoSrc == null) {
    photoView?.setImageDrawable(
            getDrawable(R.drawable.icon_man))
} else {
    photoView?.setImageBitmap(
            BitmapFactory.decodeFile(
                    Uri.parse(currentPhoneBook!!.photoSrc).path))
}

photoPath = currentPhoneBook!!.photoSrc
```

숨김처리 해놓았던 전화, SMS 버튼 영역과 삭제버튼의 숨김처리를 해제한다. VISIBLE 옵션을 주면 다른 View 요소들과 마찬가지로 화면에 나타난다.

```kotlin
actionView?.visibility = View.VISIBLE
deleteBtn?.visibility = View.VISIBLE
```

전화버튼과 SMS 버튼에 클릭이벤트를 걸어준다. 각각 다이얼, SMS화면 인텐트를 만들어 전화번호를 넣어 해당 연락처로 연락할 수 있도록 해주었다.

```kotlin
callBtn?.setOnClickListener {
    val uri = Uri.parse("tel:" + currentPhoneBook!!.phone)
    val intent = Intent(Intent.ACTION_DIAL, uri)
    startActivity(intent)
}

smsBtn?.setOnClickListener {
    val uri = Uri.parse("smsto:" + currentPhoneBook!!.phone)
    val intent = Intent(Intent.ACTION_SENDTO, uri)
    startActivity(intent)
}
```

마지막으로 삭제를 구현한다. 삭제 여부를 물어보는 다이얼로그를 만들고 예를 누르면 삭제하도록 만들었다. 삭제 역시 Realm에서 트랜잭션을 걸어줘야하기에 executeTransaction 메소드로 트랜잭션 블록을 만들었다.

그리고 Realm 모델 객체에서 deleteFromRealm() 메소드로 삭제처리했다.

```
deleteBtn?.setOnClickListener {
    val ab = AlertDialog.Builder(this@FormActivity)

    ab.setTitle("정말 삭제하시겠습니까?")
    ab.setPositiveButton("예") { _, _ ->
        realm?.executeTransaction {
            currentPhoneBook!!.deleteFromRealm()
        }
        finish()
    }.setNegativeButton("아니오" ) { dialog, _ -> dialog.cancel() }
    ab.show()
}
```

이 메소드 하나로 수정모드 추가가 끝났다. 이제 어플리케이션을 실행하여 테스트해보자. 수정까지 잘 돌아갈 것이다.

아래의 [코드 5.7.1]은 setMode 메소드 전체 코드이다.

```
private fun setMode() {
    mode = intent.getIntExtra("mode", MODE_INSERT)

    if (mode == MODE_UPDATE) {
        val phoneId = intent.getIntExtra("bookId", -1)

        if (phoneId == -1) {
            Toast.makeText(this, "잘못된 접근입니다.", Toast.LENGTH_SHORT)
            finish()
            return
        }

        currentPhoneBook = realm!!
                .where<PhoneBook>(PhoneBook::class.java)
                .equalTo("id", phoneId)
                .findFirst()

        currentPhoneBook ?: let {
            Toast.makeText(this, "존재하지 않는 연락처입니다", Toast.LENGTH_SHORT)
            finish()
            return
        }

nameView?.setText(currentPhoneBook!!.name)
        phoneView?.setText(currentPhoneBook!!.phone)
        emailView?.setText(currentPhoneBook!!.email)

photoView?.setImageBitmap(BitmapFactory.decodeFile(currentPhoneBook!!.
```

```
photoSrc))
        photoPath = currentPhoneBook!!.photoSrc

        actionView?.visibility = View.VISIBLE
        deleteBtn?.visibility = View.VISIBLE

        callBtn?.setOnClickListener {
            val uri = Uri.parse("tel:" + currentPhoneBook!!.phone)
            val intent = Intent(Intent.ACTION_DIAL, uri)
            startActivity(intent)
        }

        smsBtn?.setOnClickListener {
            val uri = Uri.parse("smsto:" + currentPhoneBook!!.phone)
            val intent = Intent(Intent.ACTION_SENDTO, uri)
            startActivity(intent)
        }

        deleteBtn?.setOnClickListener {
            val ab = AlertDialog.Builder(this@FormActivity)

            ab.setTitle("정말 삭제하시겠습니까?")
            ab.setPositiveButton("예") { _, _ ->
                realm?.executeTransaction {
                    currentPhoneBook?.deleteFromRealm()
                }
                finish()
            }.setNegativeButton("아니오" ) { dialog, _ -> dialog.cancel() }
            ab.show()
        }
    }
}
```

[코드 5.7.1] setMode()

09 전체 코드

코틀린

➡ MainActivity.kt

```kotlin
package kr.devdogs.kotlinbook.phonebook

import android.Manifest
import android.content.Intent
import android.content.pm.PackageManager
import android.support.v7.app.AppCompatActivity
import android.os.Bundle
import android.support.v4.app.ActivityCompat
import android.support.v4.content.ContextCompat
import android.widget.Button
import android.widget.EditText
import android.widget.ListView
import kr.devdogs.kotlinbook.phonebook.activity.FormActivity

class MainActivity : AppCompatActivity() {
    private var phoneBookListView: ListView? = null
    private var insertBtn: Button? = null
    private var searchText: EditText? = null

    override fun onCreate(savedInstanceState: Bundle?) {
        super.onCreate(savedInstanceState)
        setContentView(R.layout.activity_main)
        permissionCheck()
        initView()
    }

    private fun initView() {
        phoneBookListView = findViewById(R.id.main_tel_list) as ListView
        insertBtn = findViewById(R.id.main_btn_insert) as Button
        searchText = findViewById(R.id.main_search_text) as EditText

        insertBtn?.setOnClickListener {
            val insertViewIntent = Intent(this@MainActivity,
FormActivity::class.java)
            startActivity(insertViewIntent)
        }
    }

    private fun permissionCheck() {
```

```kotlin
        if (android.os.Build.VERSION.SDK_INT >= 23) {
            var permissionCheck = ContextCompat.checkSelfPermission(this,
                    Manifest.permission.READ_EXTERNAL_STORAGE)
            if (permissionCheck != PackageManager.PERMISSION_GRANTED) {
                ActivityCompat.requestPermissions(this,
                        arrayOf(Manifest.permission.READ_EXTERNAL_
STORAGE), 100)
            }

            permissionCheck = ContextCompat.checkSelfPermission(this,
                    Manifest.permission.WRITE_EXTERNAL_STORAGE)
            if (permissionCheck != PackageManager.PERMISSION_GRANTED) {
                ActivityCompat.requestPermissions(this,
arrayOf(Manifest.permission.WRITE_EXTERNAL_STORAGE), 100)
            }

            permissionCheck = ContextCompat.checkSelfPermission(this,
                    Manifest.permission.CAMERA)
            if (permissionCheck != PackageManager.PERMISSION_GRANTED) {
                ActivityCompat.requestPermissions(this,
                        arrayOf(Manifest.permission.CAMERA), 100)
            }
        }
    }
}
```

[코드 5.8.1] MainActivity (코틀린)

━ activity/FormActivity.kt

```kotlin
package kr.devdogs.kotlinbook.phonebook.activity

import android.app.Activity
import android.app.AlertDialog
import android.content.Intent
import android.graphics.Bitmap
import android.graphics.BitmapFactory
import android.net.Uri
import android.provider.MediaStore
import android.support.v7.app.AppCompatActivity
import android.os.Bundle
import android.view.View
import android.widget.Button
import android.widget.EditText
import android.widget.ImageView
import android.widget.LinearLayout
import android.widget.Toast

import java.io.FileNotFoundException

import io.realm.Realm
import kr.devdogs.kotlinbook.phonebook.R
import kr.devdogs.kotlinbook.phonebook.model.PhoneBook
```

```kotlin
import kr.devdogs.kotlinbook.phonebook.utils.BitmapUtils

class FormActivity : AppCompatActivity() {
    private var submitBtn: Button? = null
    private var photoView: ImageView? = null
    private var nameView: EditText? = null
    private var phoneView: EditText? = null
    private var emailView: EditText? = null

    private var realm: Realm? = null
    private var photoPath: String? = null

    private var actionView: LinearLayout? = null
    private var callBtn: Button? = null
    private var smsBtn: Button? = null
    private var deleteBtn: Button? = null

    private var mode: Int = MODE_INSERT
    private var currentPhoneBook: PhoneBook? = null


    override fun onCreate(savedInstanceState: Bundle?) {
        super.onCreate(savedInstanceState)
        setContentView(R.layout.activity_form)
        Realm.init(applicationContext)
        realm = Realm.getDefaultInstance()

        initView()
        setMode()
    }


    private fun initView() {
        photoView = findViewById(R.id.form_photo) as ImageView
        nameView = findViewById(R.id.form_name) as EditText
        phoneView = findViewById(R.id.form_phone) as EditText
        emailView = findViewById(R.id.form_email) as EditText
        submitBtn = findViewById(R.id.form_submit) as Button
        actionView = findViewById(R.id.form_action_layout) as LinearLayout
        deleteBtn = findViewById(R.id.form_delete) as Button
        callBtn = findViewById(R.id.form_action_call) as Button
        smsBtn = findViewById(R.id.form_action_sms) as Button

        photoView?.setOnClickListener { getPhotoImage() }

        submitBtn?.setOnClickListener {
            val name = nameView?.text.toString()
            val phone = phoneView?.text.toString()
            val email = emailView?.text.toString()

            if ("" == name || "" == phone) {
                Toast.makeText(this@FormActivity,
                    "이름, 휴대폰은 필수입니다",
                    Toast.LENGTH_SHORT)
                return@setOnClickListener
```

```kotlin
        }
        realm?.executeTransaction { realm ->
            if (mode == MODE_INSERT) {
                currentPhoneBook = PhoneBook()
                val currentIdNum = realm
                        .where<PhoneBook>(PhoneBook::class.java)
                        .max("id")
                val nextId = (currentIdNum?.toInt() ?: 0) + 1
                currentPhoneBook?.id = nextId
            }

            currentPhoneBook?.let {
                it.name = name
                it.phone = phone
                it.email = email
                it.photoSrc = photoPath

                realm.insertOrUpdate(it)
            }
        }

        finish()
    }
}

private fun setMode() {
    mode = intent.getIntExtra("mode", MODE_INSERT)

    if (mode == MODE_UPDATE) {
        val phoneId = intent.getIntExtra("bookId", -1)

        if (phoneId == -1) {
            Toast.makeText(this, "잘못된 접근입니다.", Toast.LENGTH_SHORT)
            finish()
            return
        }

        currentPhoneBook = realm!!.where<PhoneBook>(PhoneBook::class.
java)
.equalTo("id", phoneId)
                .findFirst()

        currentPhoneBook ?: let {
            Toast.makeText(this, "존재하지 않는 연락처입니다.", Toast.LENGTH_
SHORT)

            finish()
            return
        }

        nameView?.setText(currentPhoneBook!!.name)
        phoneView?.setText(currentPhoneBook!!.phone)
        emailView?.setText(currentPhoneBook!!.email)

        if (currentPhoneBook!!.photoSrc == null) {
```

```kotlin
                    photoView?.setImageDrawable(
                            getDrawable(R.drawable.icon_man))
                } else {
                    photoView?.setImageBitmap(
                                BitmapFactory.decodeFile(
                                Uri.parse(currentPhoneBook!!.photoSrc).
path))
                }

                photoPath = currentPhoneBook!!.photoSrc
                actionView?.visibility = View.VISIBLE
                deleteBtn?.visibility = View.VISIBLE

                callBtn?.setOnClickListener {
                    val uri = Uri.parse("tel:" + currentPhoneBook!!.phone)
                    val intent = Intent(Intent.ACTION_DIAL, uri)
                    startActivity(intent)
                }

                smsBtn?.setOnClickListener {
                    val uri = Uri.parse("smsto:" + currentPhoneBook!!.phone)
                    val intent = Intent(Intent.ACTION_SENDTO, uri)
                    startActivity(intent)
                }

                deleteBtn?.setOnClickListener {
                    val ab = AlertDialog.Builder(this@FormActivity)

                    ab.setTitle("정말 삭제하시겠습니까?")
                    ab.setPositiveButton("예") { _, _ ->
                        realm?.executeTransaction {
                            currentPhoneBook!!.deleteFromRealm()
                        }
                        finish()
                    }.setNegativeButton("아니오") { dialog, _ -> dialog.
cancel() }

                    ab.show()
                }
            }
        }


    private fun getPhotoImage() {
        val items = arrayOf("카메라에서 가져오기", "앨범에서 가져오기")
        val ab = AlertDialog.Builder(this)

        ab.setTitle("사진 가져오기")
        ab.setItems(items) { dialog, whichButton ->
            if (whichButton == SELECT_TAKE_PICTURE) {
                takePicture()
            } else if (whichButton == SELECT_PICK_GALARY) {
                getPhotoFromGalary()
            }
        }.setNegativeButton("취소") { dialog, _ -> dialog.cancel() }
        ab.show()
```

```kotlin
    }

    private fun takePicture() {
        val intent = Intent(MediaStore.ACTION_IMAGE_CAPTURE)
        startActivityForResult(intent, REQ_TAKE_PICTURE)
    }


    private fun getPhotoFromGalary() {
        val intent = Intent(Intent.ACTION_PICK)
        intent.data = MediaStore.Images.Media.EXTERNAL_CONTENT_URI
        intent.type = "image/*"
        startActivityForResult(Intent.createChooser(intent, "Select
Picture"), REQ_PICK_GALARY)
    }


    public override fun onActivityResult(requestCode: Int, resultCode:
Int, data: Intent) {
        if (resultCode == Activity.RESULT_OK) {
            if (requestCode == REQ_TAKE_PICTURE) {
                val thumbnail = data.extras.get("data") as Bitmap
var dst = Bitmap.createScaledBitmap(thumbnail, 100, 100, true)
                dst = BitmapUtils.rotate(dst, 90)

                photoPath = BitmapUtils.saveBitmap(dst)
                photoView?.setImageBitmap(dst)
            } else if (requestCode == REQ_PICK_GALARY) {
                try {
                    contentResolver.openInputStream(data.data).use {
                        var photo = BitmapFactory.decodeStream(it)
                        photo = Bitmap.createScaledBitmap(photo, 100,
100, true)

                        photoPath = BitmapUtils.saveBitmap(photo)
                        photoView?.setImageBitmap(photo)
                    }
                } catch (e: FileNotFoundException) {
                    Toast.makeText(this, "이미지를 불러오는데 실패했습니다.",
Toast.LENGTH_SHORT)
                }
            }
        }
    }


    override fun onDestroy() {
        super.onDestroy()
        realm?.close()
    }

    companion object {
        val MODE_INSERT = 100
        val MODE_UPDATE = 101
```

```
        private val REQ_TAKE_PICTURE = 200
        private val REQ_PICK_GALARY = 201

        private val SELECT_TAKE_PICTURE = 0
        private val SELECT_PICK_GALARY = 1
    }
}
```

[코드 5.8.2] FormActivity (코틀린)

■ adapter.PhoneBookListAdapter.kt

```kotlin
package kr.devdogs.kotlinbook.phonebook.adapter

import android.content.Context
import android.content.Intent
import android.graphics.BitmapFactory
import android.net.Uri
import android.view.LayoutInflater
import android.view.View
import android.view.ViewGroup
import android.widget.ArrayAdapter
import android.widget.Button
import android.widget.ImageView
import android.widget.LinearLayout
import android.widget.TextView


import kr.devdogs.kotlinbook.phonebook.R
import kr.devdogs.kotlinbook.phonebook.activity.FormActivity
import kr.devdogs.kotlinbook.phonebook.model.PhoneBook


class PhoneBookListAdapter(context: Context,
                           private val viewId: Int,
                           var items: List<PhoneBook>?) :
ArrayAdapter<PhoneBook>(context, viewId, items) {

    override fun getView(position: Int, convertView: View?, parent:
ViewGroup): View? {
        var view = convertView
        view ?: let {
            val vi = context.getSystemService(Context.LAYOUT_INFLATER_
SERVICE) as LayoutInflater
            view = vi.inflate(this.viewId, null)
        }

        items?.let {
            val item = it[position]

            if (item != null) {
                val photoView = view!!.findViewById(R.id.book_item_photo)
```

```kotlin
                    as ImageView
            val itemLayout = view!!.findViewById(R.id.book_item) as
LinearLayout
            val nameView = view!!.findViewById(R.id.book_item_name) as
TextView
            val callView = view!!.findViewById(R.id.book_item_call) as
Button

            if (item.photoSrc == null) {
                photoView.setImageDrawable(
                        context.getDrawable(R.drawable.icon_man))
            } else {
                photoView.setImageBitmap(
                        BitmapFactory.decodeFile(Uri.parse(item.
photoSrc).path))
            }

            nameView.text = item.name
            callView.setOnClickListener {
                val intent = Intent(Intent.ACTION_DIAL, Uri.
parse("tel:" + item.phone))
                context.startActivity(intent)
            }

            itemLayout.setOnClickListener {
                val modifyViewIntent = Intent(context,
FormActivity::class.java)
                modifyViewIntent.putExtra("mode", FormActivity.MODE_
UPDATE)
                modifyViewIntent.putExtra("bookId", item.id)
                context.startActivity(modifyViewIntent)
            }
        }
    }

    return view
    }

}
```

[코드 5.8.3] PhoneBookListAdapter (코틀린)

■ adapter.PhoneBookListAdapter.kt

```kotlin
package kr.devdogs.kotlinbook.phonebook.utils

import android.graphics.Bitmap
import android.graphics.Matrix
import android.os.Environment

import java.io.File
import java.io.FileOutputStream
```

```kotlin
object BitmapUtils {
    fun rotate(bitmap: Bitmap?, degrees: Int): Bitmap? {
        if (degrees != 0 && bitmap != null) {
            val m = Matrix()
            m.setRotate(degrees.toFloat(), bitmap.width.toFloat() / 2,
                    bitmap.height.toFloat() / 2)

            val converted = Bitmap.createBitmap(bitmap, 0, 0,
                        bitmap.width, bitmap.height, m, true)
            bitmap.recycle()
            return converted
        }
        return bitmap
    }

    fun saveBitmap(bitmap: Bitmap): String {
        val fileName = System.currentTimeMillis().toString() + ".jpg"
        val dir = File(Environment.getExternalStorageDirectory().
absolutePath
+ "/phonebook/" + fileName)

        if (!dir.parentFile.exists()) {
            dir.parentFile.mkdirs()
        }

        FileOutputStream(dir).use {
            bitmap.compress(Bitmap.CompressFormat.JPEG, 100, it)
        }

        return dir.path
    }
}
```

[코드 5.8.4] BitmapUtils (코틀린)

— model.PhoneBook.kt

```kotlin
package kr.devdogs.kotlinbook.phonebook.model

import io.realm.RealmObject
import io.realm.annotations.PrimaryKey


open class PhoneBook(@PrimaryKey var id: Int = 0,
                    var photoSrc: String? = null,
                    var name: String? = null,
                    var phone: String? = null,
                    var email: String? = null) : RealmObject()
```

[코드 5.8.5] PhoneBook (코틀린)

자바

— MainActivity.java

```java
package kr.devdogs.kotlinbook.phonebookjava;

import android.content.Intent;
import android.support.v7.app.AppCompatActivity;
import android.os.Bundle;
import android.view.KeyEvent;
import android.view.View;
import android.widget.Button;
import android.widget.EditText;
import android.widget.ListView;

import java.util.ArrayList;

import io.realm.Realm;
import io.realm.RealmResults;
import kr.devdogs.kotlinbook.phonebookjava.activity.FormActivity;
import kr.devdogs.kotlinbook.phonebookjava.adapter.PhoneBookListAdapter;
import kr.devdogs.kotlinbook.phonebookjava.model.PhoneBook;

public class MainActivity extends AppCompatActivity {
    private ListView phoneBookListView;
    private Button insertBtn;
    private ArrayList<PhoneBook> items;
    private PhoneBookListAdapter adapter;
    private EditText searchText;
    private Realm realm;

    @Override
    protected void onCreate(Bundle savedInstanceState) {
        super.onCreate(savedInstanceState);
        setContentView(R.layout.activity_main);
        initView();

        Realm.init(getApplicationContext());
        realm = Realm.getDefaultInstance();
        items = new ArrayList<PhoneBook>();
        adapter = new PhoneBookListAdapter(this, R.layout.phonebook_
listitem, items) ;
        phoneBookListView.setAdapter(adapter);
    }

    @Override
    protected void onResume() {
        super.onResume();

        findByName(searchText.getText().toString());
    }

    private void initView() {
        phoneBookListView = (ListView) findViewById(R.id.main_tel_list);
```

```java
        insertBtn = (Button) findViewById(R.id.main_btn_insert);
        searchText = (EditText) findViewById(R.id.main_search_text);

        insertBtn.setOnClickListener(new View.OnClickListener() {
            @Override
            public void onClick(View view) {
                Intent insertViewIntent = new Intent(MainActivity.this,
FormActivity.class);
                startActivity(insertViewIntent);
            }
        });

        searchText.setOnKeyListener(new View.OnKeyListener() {
            @Override
            public boolean onKey(View view, int i, KeyEvent keyEvent) {
                findByName(searchText.getText().toString());
                return false;
            }
        });
    }

    private void findByName(String name) {
        items.clear();
        RealmResults<PhoneBook> allUser = realm.where(PhoneBook.class)
                .beginsWith("name", name)
                .findAll()
                .sort("name");
        for(PhoneBook p:allUser) {
            items.add(p);
        }

        adapter.notifyDataSetChanged();
    }

    @Override
    protected void onDestroy() {
        super.onDestroy();
        realm.close();
    }
}
```

[코드 5.8.6] MainActivity (자바)

■ activity.FormActivity.java

```java
package kr.devdogs.kotlinbook.phonebookjava.activity;

import android.app.AlertDialog;
import android.content.DialogInterface;
import android.content.Intent;
import android.graphics.Bitmap;
import android.graphics.BitmapFactory;
import android.net.Uri;
```

```java
import android.provider.MediaStore;
import android.support.v7.app.AppCompatActivity;
import android.os.Bundle;
import android.view.View;
import android.widget.Button;
import android.widget.EditText;
import android.widget.ImageView;
import android.widget.LinearLayout;
import android.widget.Toast;

import java.io.FileNotFoundException;
import java.io.InputStream;

import io.realm.Realm;
import kr.devdogs.kotlinbook.phonebookjava.R;
import kr.devdogs.kotlinbook.phonebookjava.model.PhoneBook;
import kr.devdogs.kotlinbook.phonebookjava.utils.BitmapUtils;

public class FormActivity extends AppCompatActivity {
    public static final int MODE_INSERT = 0;
    public static final int MODE_UPDATE = 1;

    private static final int REQ_TAKE_PICTURE = 100;
    private static final int REQ_PICK_GALARY = 200;

    private static final int SELECT_TAKE_PICTURE = 0;
    private static final int SELECT_PICK_GALARY = 1;

    private Button submitBtn;
    private ImageView photoView;
    private EditText nameView;
    private EditText phoneView;
    private EditText emailView;
    private LinearLayout actionView;
    private Button callBtn;
    private Button smsBtn;
    private Button deleteBtn;
    private String photoPath;

    private Realm realm;
    private int currentMode;
    private PhoneBook currentBook;

    @Override
    protected void onCreate(Bundle savedInstanceState) {
        super.onCreate(savedInstanceState);
        setContentView(R.layout.activity_form);
        Realm.init(getApplicationContext());
        realm = Realm.getDefaultInstance();

        initView();
        setMode();
    }

    private void initView() {
        photoView = (ImageView) findViewById(R.id.form_photo);
```

```java
nameView = (EditText) findViewById(R.id.form_name);
phoneView = (EditText) findViewById(R.id.form_phone);
emailView = (EditText) findViewById(R.id.form_email);
submitBtn = (Button) findViewById(R.id.form_submit);
actionView = (LinearLayout) findViewById(R.id.form_action_layout);
deleteBtn = (Button) findViewById(R.id.form_delete);
callBtn = (Button) findViewById(R.id.form_action_call);
smsBtn = (Button) findViewById(R.id.form_action_sms);


photoView.setOnClickListener(new View.OnClickListener() {
    @Override
    public void onClick(View view) {
        getPhotoImage();
    }
});

submitBtn.setOnClickListener(new View.OnClickListener() {
    @Override
    public void onClick(View view) {
        final String name = nameView.getText().toString();
        final String phone = phoneView.getText().toString();
        final String email = emailView.getText().toString();

        if("".equals(name)
                || "".equals(phone)) {
            Toast.makeText(FormActivity.this,
                    "이름, 휴대폰은 필수입니다",
                    Toast.LENGTH_SHORT);
            return;
        }

        realm.executeTransaction(new Realm.Transaction() {
            @Override
            public void execute(Realm realm) {
                if(currentMode == MODE_INSERT) {
                    currentBook = new PhoneBook();
                    Number currentIdNum = realm
                            .where(PhoneBook.class)
                            .max("id");
                    int nextId = currentIdNum == null
                            ? 1
                            : currentIdNum.intValue() + 1;
                    currentBook.setId(nextId);
                }

                currentBook.setName(name);
                currentBook.setPhone(phone);
                currentBook.setEmail(email);
                currentBook.setPhotoSrc(photoPath);

                realm.insertOrUpdate(currentBook);
            }
        });

        finish();
```

```java
                }
            });

            callBtn.setOnClickListener(new View.OnClickListener() {
                @Override
                public void onClick(View view) {
                    Uri uri = Uri.parse("tel:" + currentBook.getPhone());
                    Intent intent = new Intent(Intent.ACTION_DIAL, uri);
                    startActivity(intent);
                }
            });

            smsBtn.setOnClickListener(new View.OnClickListener() {
                @Override
                public void onClick(View view) {
                    Uri uri= Uri.parse("smsto:" + currentBook.getPhone());
                    Intent intent= new Intent(Intent.ACTION_SENDTO, uri);
                    startActivity(intent);
                }
            });

            deleteBtn.setOnClickListener(new View.OnClickListener() {
                @Override
                public void onClick(View view) {
                    AlertDialog.Builder ab = new AlertDialog.
Builder(FormActivity.this);

                    ab.setTitle("정말 삭제하시겠습니까?");
                    ab.setPositiveButton("예",
                        new DialogInterface.OnClickListener() {
                            public void onClick(DialogInterface dialog,
int whichButton) {

                                realm.beginTransaction();
                                currentBook.deleteFromRealm();
                                realm.commitTransaction();
                                finish();
                            }
                        }).setNegativeButton("아니오",
                        new DialogInterface.OnClickListener() {
                            public void onClick(DialogInterface dialog, int
whichButton) {

                                dialog.cancel();
                            }
                        });
                    ab.show();
                }
            });
        }

    private void setMode() {
        Intent receiveData = getIntent();
        currentMode = receiveData.getIntExtra("mode", MODE_INSERT);

        if(currentMode == MODE_UPDATE) {
            int phoneId = receiveData.getIntExtra("bookId", -1);
```

```java
        if(phoneId == -1) {
            Toast.makeText(this, "잘못된 접근입니다.", Toast.LENGTH_SHORT);
            finish();
            return;
        }

        currentBook = realm.where(PhoneBook.class).equalTo("id",
phoneId).findFirst();
        nameView.setText(currentBook.getName());
        phoneView.setText(currentBook.getPhone());
        emailView.setText(currentBook.getEmail());
        photoView.setImageBitmap(BitmapFactory.
decodeFile(currentBook.getPhotoSrc()));
        photoPath = currentBook.getPhotoSrc();

        actionView.setVisibility(View.VISIBLE);
        deleteBtn.setVisibility(View.VISIBLE);
    }
}


private void getPhotoImage() {
    final String items[] = { "카메라에서 가져오기", "앨범에서 가져오기" };
    AlertDialog.Builder ab = new AlertDialog.Builder(this);

    ab.setTitle("사진 가져오기");
    ab.setItems(items,
            new DialogInterface.OnClickListener() {
                public void onClick(DialogInterface dialog, int
whichButton) {

                    dialog.dismiss();
                    if(whichButton == SELECT_TAKE_PICTURE) {
                        takePicture();
                    } else if(whichButton == SELECT_PICK_GALARY) {
                        getPhotoFromGalary();
                    }
                }
            }).setNegativeButton("취소",
            new DialogInterface.OnClickListener() {
                public void onClick(DialogInterface dialog, int
whichButton) {

                    dialog.cancel();
                }
            });
    ab.show();
}


private void takePicture() {
    Intent intent = new Intent(MediaStore.ACTION_IMAGE_CAPTURE);
    startActivityForResult(intent, REQ_TAKE_PICTURE);
}


public void onActivityResult(int requestCode, int resultCode, Intent
```

```java
data) {
        if(resultCode == RESULT_OK) {
            if(requestCode == REQ_TAKE_PICTURE) {
                Bitmap thumbnail = (Bitmap) data.getExtras().get("data");
                Bitmap dst = Bitmap.createScaledBitmap(thumbnail, 100,
100, true);
                dst = BitmapUtils.rotate(dst, 90);

                photoPath = BitmapUtils.saveBitmap(dst);
                photoView.setImageBitmap(dst);
            } else if(requestCode == REQ_PICK_GALARY) {
                try {
                    InputStream is = getContentResolver().
openInputStream(data.getData());
                    Bitmap photo = BitmapFactory.decodeStream(is);
                    photo = Bitmap.createScaledBitmap(photo, 100, 100,
true);

                    photoPath = BitmapUtils.saveBitmap(photo);
                    photoView.setImageBitmap(photo);
                } catch (FileNotFoundException e) {
                    Toast.makeText(this, "이미지를 불러오는데 실패했습니다.",
Toast.LENGTH_SHORT);
                }
            } else {
                Toast.makeText(this, "사진 찍기에 실패했습니다", Toast.LENGTH_SHORT);
            }
        }
    }

    private void getPhotoFromGalary() {
        Intent intent = new Intent(Intent.ACTION_PICK);
        intent.setData(android.provider.MediaStore.Images.Media.EXTERNAL_CONTENT_
URI);
        intent.setType("image/*");
        startActivityForResult(Intent.createChooser(intent, "Select
Picture"), REQ_PICK_GALARY);
    }


    @Override
    protected void onDestroy() {
        super.onDestroy();
        realm.close();
    }
}
```

[코드 5.8.7] FormActivity (자바)

■ adapter.PhoneBookListAdapter.java

```java
package kr.devdogs.kotlinbook.phonebookjava.adapter;
```

```java
import android.content.Context;
import android.content.Intent;
import android.graphics.BitmapFactory;
import android.net.Uri;
import android.view.LayoutInflater;
import android.view.View;
import android.view.ViewGroup;
import android.widget.ArrayAdapter;
import android.widget.Button;
import android.widget.ImageView;
import android.widget.LinearLayout;
import android.widget.TextView;

import java.util.ArrayList;

import kr.devdogs.kotlinbook.phonebookjava.R;
import kr.devdogs.kotlinbook.phonebookjava.activity.FormActivity;
import kr.devdogs.kotlinbook.phonebookjava.model.PhoneBook;


public class PhoneBookListAdapter extends ArrayAdapter<PhoneBook> {
    public ArrayList<PhoneBook> items ;
    private int viewId;

    public PhoneBookListAdapter(Context context, int viewId,
ArrayList<PhoneBook> items) {
        super(context, viewId, items);
        this.items = items;
        this.viewId = viewId;
    }

    @Override
    public View getView(int position, View convertView, ViewGroup parent)
{

        View view = convertView;
        if (view == null) {
            LayoutInflater vi = (LayoutInflater)getContext().getSystemServi
ce(Context.LAYOUT_INFLATER_SERVICE);
            view = vi.inflate(this.viewId, null);
        }

        if(items!=null && items.size() > 0) {
            final PhoneBook item = items.get(position);

            if(item != null) {
                ImageView photoView = (ImageView) view.findViewById(R.
id.book_item_photo);
                LinearLayout itemLayout = (LinearLayout) view.
findViewById(R.id.book_item);
                TextView nameView = (TextView) view.findViewById(R.
id.book_item_name);
                Button callView = (Button) view.findViewById(R.id.book_
```

```java
item_call);

                    if(item.getPhotoSrc() == null) {
                photoView.setImageDrawable(getContext().getDrawable(R.
drawable.icon_man));
                    } else {
                        photoView.setImageBitmap(BitmapFactory.
decodeFile(Uri.parse(item.getPhotoSrc()).getPath()));
                    }

                nameView.setText(item.getName());
                callView.setOnClickListener(new View.OnClickListener() {
                    @Override
                    public void onClick(View view) {
                        Intent intent = new Intent(Intent.ACTION_DIAL,
Uri.parse("tel:" + item.getPhone()));
                        getContext().startActivity(intent);
                    }
                });

                itemLayout.setOnClickListener(new View.OnClickListener()
{
                    @Override
                    public void onClick(View view) {
                        Intent modifyViewIntent = new
Intent(getContext(), FormActivity.class);
                        modifyViewIntent.putExtra("mode", FormActivity.
MODE_UPDATE);
                        modifyViewIntent.putExtra("bookId", item.
getId());
                        getContext().startActivity(modifyViewIntent);
                    }
                });
            }
        }

        return view;
    }

}
```

[코드 5.8.8] PhoneBookListAdapter (자바)

━ utils.BitmapUtils.java

```java
package kr.devdogs.kotlinbook.phonebookjava.utils;

import android.graphics.Bitmap;
import android.graphics.Matrix;
import android.os.Environment;

import java.io.File;
import java.io.FileNotFoundException;
```

```java
import java.io.FileOutputStream;
import java.io.IOException;


public class BitmapUtils {
    public static Bitmap rotate(Bitmap bitmap, int degrees) {
        if (degrees != 0 && bitmap != null) {
            Matrix m = new Matrix();
            m.setRotate((float)degrees, (float)bitmap.getWidth() / 2,
                    (float)bitmap.getHeight() / 2);

            try {
                Bitmap converted = Bitmap.createBitmap(bitmap, 0, 0,
                        bitmap.getWidth(), bitmap.getHeight(), m, true);
                if (bitmap != converted) {
                    bitmap.recycle();
                    bitmap = converted;
                }
            } catch (OutOfMemoryError err) {
            }

        }
        return bitmap;
    }

    public static String saveBitmap(Bitmap bitmap) {
        String fileName = System.currentTimeMillis() + ".jpg";
        File dir = new File(Environment.getExternalStorageDirectory().
getAbsolutePath()
                + "/phonebook/" + fileName);
        if(!dir.getParentFile().exists()) {
            dir.getParentFile().mkdirs();
        }

        FileOutputStream out = null;
        try {
            out = new FileOutputStream(dir);
            bitmap.compress(Bitmap.CompressFormat.JPEG, 100, out);
        } catch (FileNotFoundException e) {
            e.printStackTrace();
        } finally {
            if(out != null) {
                try { out.close(); } catch(IOException ioe){}
            }
        }


        return dir.getPath();
    }
}
```

[코드 5.8.9] BitmapUtils (자바)

■ model.PhoneBook.java

```java
package kr.devdogs.kotlinbook.phonebookjava.model;

import io.realm.RealmObject;
import io.realm.annotations.PrimaryKey;


public class PhoneBook extends RealmObject {
    @PrimaryKey
    private int id;
    private String photoSrc;
    private String name;
    private String phone;
    private String email;

    public int getId() {
        return id;
    }

    public void setId(int id) {
        this.id = id;
    }

    public String getPhotoSrc() {
        return photoSrc;
    }

    public void setPhotoSrc(String photoSrc) {
        this.photoSrc = photoSrc;
    }

    public String getName() {
        return name;
    }

    public void setName(String name) {
        this.name = name;
    }

    public String getPhone() {
        return phone;
    }

    public void setPhone(String phone) {
        this.phone = phone;
    }

    public String getEmail() {
        return email;
    }

    public void setEmail(String email) {
        this.email = email;
    }
}
```

[코드 5.8.10] PhoneBook (자바)

레이아웃

■ res/layout/activity_main.xml

```xml
<?xml version="1.0" encoding="utf-8"?>
<android.support.constraint.ConstraintLayout xmlns:android="http://
schemas.android.com/apk/res/android"
    xmlns:app="http://schemas.android.com/apk/res-auto"
    xmlns:tools="http://schemas.android.com/tools"
    android:layout_width="match_parent"
    android:layout_height="match_parent"
    tools:context="kr.devdogs.kotlinbook.phonebookjava.MainActivity">

    <LinearLayout
        android:layout_width="match_parent"
        android:layout_height="match_parent"
        android:orientation="vertical"
        android:padding="5dp">

        <LinearLayout
            android:layout_width="match_parent"
            android:layout_height="60dp"
            android:orientation="horizontal">
            <EditText
                android:id="@+id/main_search_text"
                android:layout_width="0dp"
                android:layout_height="match_parent"
                android:layout_weight="1"
                android:hint="@string/btn_search_hint"/>
            <Button
                android:id="@+id/main_btn_insert"
                android:layout_width="40dp"
                android:layout_height="40dp"
                android:layout_marginRight="10dp"
                android:layout_marginLeft="10dp"
                android:gravity="center_vertical"
                android:background="@drawable/btn_plus"/>
        </LinearLayout>

        <ListView
            android:layout_width="match_parent"
            android:layout_height="0dp"
            android:layout_weight="1"
            android:id="@+id/main_tel_list">

        </ListView>
    </LinearLayout>

</android.support.constraint.ConstraintLayout>
```

[코드 5.8.11] activity_main.xml

res/layout/activity_form.xml

```xml
<?xml version="1.0" encoding="utf-8"?>
<LinearLayout xmlns:android="http://schemas.android.com/apk/res/android"
    android:orientation="vertical" android:layout_width="match_parent"
    android:layout_height="match_parent">

    <ImageView
        android:id="@+id/form_photo"
        android:layout_width="100dp"
        android:layout_height="100dp"
        android:src="@drawable/icon_man"
        android:layout_gravity="center_horizontal"
        android:background="#000"
        android:layout_marginTop="30dp"/>
    <TextView
        android:layout_width="match_parent"
        android:layout_height="wrap_content"
        android:textAlignment="center"
        android:text="클릭해서 사진을 변경하세요"
        android:layout_marginBottom="30dp"/>

    <LinearLayout
        android:id="@+id/form_action_layout"
        android:layout_width="match_parent"
        android:layout_height="wrap_content"
        android:orientation="horizontal"
        android:gravity="center"
        android:layout_marginBottom="30dp"
        android:visibility="gone">
        <Button
            android:id="@+id/form_action_call"
            android:layout_width="50dp"
            android:layout_height="50dp"
            android:layout_marginRight="30dp"
            android:background="@drawable/btn_call"/>

        <Button
            android:id="@+id/form_action_sms"
            android:layout_width="50dp"
            android:layout_height="50dp"
            android:background="@drawable/btn_sms"/>
    </LinearLayout>

    <LinearLayout
        android:layout_width="match_parent"
        android:layout_height="wrap_content"
        android:orientation="vertical"
        android:paddingLeft="15dp"
        android:paddingRight="15dp">

        <EditText
            android:id="@+id/form_name"
            android:layout_width="match_parent"
```

```
            android:layout_height="40dp"
            android:hint="@string/insert_name_hint"
            android:layout_marginBottom="20dp"/>

        <EditText
            android:id="@+id/form_phone"
            android:layout_width="match_parent"
            android:layout_height="40dp"
            android:hint="@string/insert_phone_hint"
            android:layout_marginBottom="20dp"/>

        <EditText
            android:id="@+id/form_email"
            android:layout_width="match_parent"
            android:layout_height="40dp"
            android:hint="@string/insert_email_hint"
            android:layout_marginBottom="20dp"/>

</LinearLayout>

    <LinearLayout
        android:layout_width="match_parent"
        android:layout_height="wrap_content"
        android:orientation="horizontal"
        android:gravity="center"
        android:paddingLeft="15dp"
        android:paddingRight="15dp">
        <Button
            android:id="@+id/form_submit"
            android:layout_width="wrap_content"
            android:layout_height="wrap_content"
            android:text="@string/btn_save"/>

        <Button
            android:id="@+id/form_delete"
            android:layout_width="wrap_content"
            android:layout_height="wrap_content"
            android:text="@string/btn_delete"
            android:visibility="gone"/>
    </LinearLayout>
</LinearLayout>
```

[코드 5.8.12] activity_form.xml

■ res/layout/phonebook_listitem.xml

```
<?xml version="1.0" encoding="utf-8"?>
<LinearLayout xmlns:android="http://schemas.android.com/apk/res/android"
    android:orientation="horizontal" android:layout_width="match_parent"
    android:layout_height="70dp"
    android:paddingTop="5dp"
    android:paddingBottom="5dp">
```

```xml
<LinearLayout
    android:id="@+id/book_item"
    android:orientation="horizontal"
    android:layout_width="0dp"
    android:layout_height="60dp"
    android:layout_weight="1">
    <ImageView
        android:id="@+id/book_item_photo"
        android:layout_width="60dp"
        android:layout_height="60dp"
        android:src="@drawable/icon_man"/>

    <TextView
        android:id="@+id/book_item_name"
        android:layout_width="0dp"
        android:layout_height="60dp"
        android:layout_weight="1"
        android:padding="10dp"
        android:layout_gravity="center"
        android:gravity="center_vertical"
        android:textSize="20dp"/>
</LinearLayout>

<Button
    android:layout_width="40dp"
    android:layout_height="40dp"
    android:layout_gravity="center"
    android:layout_marginRight="15dp"
    android:background="@drawable/btn_call"
    android:id="@+id/book_item_call"/>
</LinearLayout>
```

[코드 5.8.13] phonebook_listitem.xml

10 Anko로 레이아웃 개선하기

소개 및 설치

Anko는 코틀린 라이브러리로 안드로이드를 위한 DSL(Domain Specific Language. 도메인 특화 언어)이다. 작명은 Android와 Kotlin의 앞의 두 글자씩 따서 지은 것 같다.

도메인 특화 언어는 특정한 영역(도메인)에서 발생하는 문제점을 해결하기 위해 도메인을 기준으로 풀어나가기 위해 제공되는 언어이다. 쉽게 생각하면 Anko는 안드로이드 개발을 조금 더 편하고 깔끔하게 하기 위해 제공되는 라이브러리이다.

Anko의 공식 문서는 https://github.com/Kotlin/anko 에서 볼 수 있다.

안드로이드에서 UI는 보통 XML로 개발하게 된다. 하지만 XML로 개발하게 되면 안드로이드에서 이를 파싱하여 UI를 생성하는 과정에서 CPU 등의 자원들을 많이 사용하게 되고, 코드의 재사용성도 떨어지게 된다.

하지만 Anko를 사용하면 코드로 UI를 작성하기 때문에 불필요한 연산도 사라지고, 문법이 매우 간결하기 때문에 개발하기도 편하다. Anko를 사용하면 XML을 사용하는 것에 비해 성능이 약 600%정도 향상되었다는 벤치마킹 기록도 있다.

처음에 Anko를 접해보고 감탄을 하지 않을 수 없었다. 다른 장점을 다 제쳐두고서라도 한 눈에 보기에도 개발하기 편하고 엄청 간결했기 때문이다.

이번 장에서는 Anko를 이용해 지금까지 만든 전화번호부 어플리케이션의 레이아웃을 개선할 것이다. XML과 Anko의 문법을 비교해보며 Anko의 강력함을 느껴보자.

이 장에서 개발한 코드는 이전의 전화번호부 코드와 별개로 저자의 Github에 따로 올려두었다. 주소는 아래와 같다.

https://github.com/JSDanielPark/kotlinbook_phonebook_kotlin_with_anko

Anko를 사용하려면 제일 먼저 gradle 스크립트에 의존성을 명시해야한다. 어플리케이션의 build.gradle

스크립트의 dependancy 영역에 아래와 같이 의존성을 명시해주자.

Anko의 버전은 현재 시점의 가장 최신버전인 0.10.1 버전을 사용했다.

```
compile "org.jetbrains.anko:anko:0.10.1"
```

추가가 완료되면 [그림 5.9.1]과 같이 보여야한다. 오른쪽 위의 Sync Now를 클릭해 변경내용을 적용해주자.

[그림 5.9.1] Anko 의존성 추가

Anko에는 여러 모듈이 있다. 모듈들을 개별적으로 의존성을 명시해 따로따로 사용할 수 있지만 우리는 Anko 의 여러 모듈을 사용해볼 것이므로 모든 모듈을 사용하는 의존성을 명시해주었다.

MainActivity

res/layout/activity_main.xml 파일을 열어보자. 이전에 우리가 작성한 레이아웃이 보일 것이다. 이 xml 코드를 MainActivity.kt 파일로 옮겨 레이아웃을 작성해볼 것이다.

제일 먼저 ConstraintLayout을 제외하고 최상위 레이아웃은 LinearLayout이다. 이 LinearLatout은 [코드 5.9.1]과 같다.

```
<LinearLayout
    android:layout_width="match_parent"
```

```
    android:layout_height="match_parent"
    android:orientation="vertical"
    android:padding="5dp">
```

[코드 5.9.1]

이 코드를 Anko 코드 표현해보면 아래의 [코드 5.9.2]와 같다. 여기서 작성하는 모든 코드는 onCreate 메소드 안에 들어간다.

생각보다 많이 간결해졌다. 최상위 레이아웃이므로 width와 height를 생략했고, LinearLayout이라는 표현보다는 세로방향 레이아웃이므로 verticalLayout이라는 표현을 사용했다. 반대로 가로방향 레이아웃을 사용하려면 그대로 linearLayout이라는 표현을 사용하면 된다.

또한 xml에서 보면 내부여백을 5dp를 주었었다. 이를 Anko에서는 dip라는 메소드를 사용하여 숫자를 dp 단위로 바꿔준다.

Anko에서의 작명 규칙은 카멜케이스를 따르지만 클래스처럼 첫 글자가 대문자가 아닌 모두 메소드나 일반 변수처럼 첫 글자는 소문자이다.

```
var layout = verticalLayout {
    this.padding = dip(5)
}
```

[코드 5.9.2]

그리고 다시 xml파일로 돌아가서 LinearLayout 아래에는 LinearLayout과 ListView 두 개의 요소가 있다. 이는 아래의 [코드 5.9.3]과 같다.

```
<LinearLayout
    android:layout_width="match_parent"
    android:layout_height="60dp"
    android:orientation="horizontal">
```

```
<ListView
    android:layout_width="match_parent"
    android:layout_height="0dp"
    android:layout_weight="1"
    android:id="@+id/main_tel_list">
```

[코드 5.9.3]

이를 Anko로 표현하면 아래의 [코드 5.9.4]과 같다. width, height, weight는 lparams 메소드를 이용해 LayoutParam으로 전해주어야한다. 최상위 레이아웃이 verticalLayout이고 그 아래에 linearLayout과 listView가 있는 것까지 계층을 보기도 편하고, 속성을 나타내기도 매우 편리하다.

그리고 MainActivity에는 ListView를 클래스의 멤버변수로 선언해놓았었다. 이처럼 생성하는 View 요소를 변수에 할당해주는 것도 가능하다.

팁을 주자면 xml에서 속성을 줄 때 width, height, weight처럼 이름에 "layout_" 수식어가 붙는 것들은 lparams에 정의하면 된다.

```
var layout = verticalLayout {
    this.padding = dip(5)

    linearLayout {

    }.lparams(width= matchParent, height=dip(60))


    phoneBookListView = listView {

    }.lparams(width= matchParent, height =dip(0), weight = 1.0f)
}
```

[코드 5.9.4]

마지막으로 linearLayout 안에는 EditText와 Button이 있었다. 그것을 표현하는 xml은 아래의 [코드 5.9.5]와 같다.

```
<EditText
    android:id="@+id/main_search_text"
    android:layout_width="0dp"
    android:layout_height="match_parent"
    android:layout_weight="1"
    android:hint="@string/main_search_hint"/>
<Button
    android:id="@+id/main_btn_insert"
    android:layout_width="40dp"
    android:layout_height="40dp"
    android:layout_marginRight="10dp"
    android:layout_marginLeft="10dp"
    android:gravity="center_vertical"
    android:background="@drawable/btn_plus"/>
```

[코드 5.9.5]

그리고 이 내용까지 Anko로 표현한 전체 코드는 아래의 [코드 5.9.6]과 같다. editText에 주는 힌트는 getString 메소드로 String 리소스를 가져와 넣어주었다.

또한 button에도 배경그림이 있었는데 이 또한 getDrawable 메소드로 이미지를 가져와 설정해주었다. 이렇게 Anko를 사용하면 매우 간단하게 레이아웃을 정의할 수 있다.

그리고 onCreate 메소드에서 setContentView를 호출하는 부분을 수정해주었다. 이렇게 하면 XML로 된 레이아웃 파일에서 가져오는 곳이 아닌 우리가 Anko로 작성한 코틀린코드로 뷰가 만들어져 그려진다.

그리고 미리 선언해두었던 MainActivity 클래스의 멤버변수에 뷰들을 전부 할당해주었고, 이벤트가 필요한 EditText와 Button에는 내부에서 이벤트를 주었다. 이렇게 레이아웃을 정의함과 동시에 이벤트 처리까지 함께 할 수 있다.

뷰의 변수할당과 이벤트 처리까지 레이아웃을 선언함과 동시에 끝났으므로 기존에 있던 initView 메소드는 이제 필요없으므로 전부 지워버리자.

실제로 실행해서 화면을 보면 디자인이 우리가 xml로 작성했던 레이아웃과 100% 동일한 것을 확인할 수 있다. 또한 기존의 모든 기능이 100% 정상적으로 동작하는 것을 확인할 수 있다.

```kotlin
var layout = verticalLayout {
    this.padding = dip(5)

    linearLayout {

        searchText = editText {
            this.hint = getString(R.string.main_search_hint)
            this.onKey { _, _, _ ->
                findByName(searchText?.text.toString())
                false
            }
        }.lparams(width=dip(0), height = matchParent, weight = 1.0f)

        insertBtn = button {
            this.gravity = Gravity.CENTER_VERTICAL
            this.background = getDrawable(R.drawable.btn_plus)
            this.onClick {
                val insertViewIntent = Intent(this@MainActivity,
FormActivity::class.java)
                startActivity(insertViewIntent)

            }
        } .lparams(width=dip(40), height=dip(40)) {
            leftMargin = dip(10)
            rightMargin = dip(10)
```

```
        }
    }.lparams(width= matchParent, height=dip(60))


    phoneBookListView = listView {

    }.lparams(width= matchParent, height =dip(0), weight = 1.0f)
}

//setContentView(R.layout.activity_main)
setContentView(layout)
```

[코드 5.9.6]

ListItem

메인에서 빠뜨린 것이 하나 있다. 리스트 뷰의 아이템도 Anko 레이아웃으로 바꿔주어야 했었다. 이번에는 어댑터의 getView 메소드에서 리턴해주는 뷰를 Anko를 이용해 생성해서 리턴하도록 어댑터 클래스 전체를 바꿀 것이다.

먼저 res/layout/phonebook_listitem.xml 파일을 보자. 최상위 레이아웃에는 LinearLayout이 있다. 아래의 [코드 5.9.7]과 같다.

```
<LinearLayout
xmlns:android="http://schemas.android.com/apk/res/android"
    android:orientation="horizontal"
    android:layout_width="match_parent"
    android:layout_height="70dp"
    android:paddingTop="5dp"
    android:paddingBottom="5dp">
```

[코드 5.9.7]

이를 Anko 문법으로 바꾼거는 [코드 5.9.8]과 같다. 이 코드는 PhoneBookListAdapter 클래스의 getView 메소드 안에서 작성한다. getView 메소드의 형태를 [코드 5.9.8]과 같은 형태로 바꿔주자.

items가 없다면 null을 리턴하고, 있다면 Anko를 이용해 View를 조립하여 리턴해준다.

여기서 주목할 것은 MainActivity에서 작성할 때와는 다르게 with(context) 문법의 블록안에 Anko 문법을 정의한 것이다.

with함수의 형태는 아래와 같다. 인자로 받은 객체를 코드블록의 리시버로 전달하며 블록이 리턴하는 값을
리턴한다.

```
inline fun <T, R> with(receiver: T, block: T.() -> R): R (source)
```

따라서 with문에서 리턴하는 값은 바로 안에 있는 linearLayout 이라고 생각하면 된다. 쉽게 설명하면 인자로
받은 객체를 this로 사용할 수 있는 것이다. context 객체를 인자로 받았으니 startActivity와 같은 메소드들을
클래스 이름을 붙이지 않고 바로 호출할 수 있다.

최상위 레이아웃은 lparams 메소드를 사용할 수 없어 최상위 linearLayout을 하나 더 정의했다. xml에서의
최상위 레이아웃은 [코드 5.9.8]의 두 번째 linearLayout인 것이다.

그리고 기존의 xml과 똑같은 속성들을 주었다.

```
override fun getView(position: Int, convertView: View?, parent:
ViewGroup): View? {
    items?.let {
        val item = it[position]

        val layout = with(context) {
            linearLayout {
                linearLayout {

                }.lparams(width=matchParent, height = dip(70)) {
                    topPadding = dip(5)
                    bottomPadding = dip(5)
                }
            }
        }

        return layout
    }

    return null
}
```

[코드 5.9.8]

이 레이아웃 바로 아래에는 사진과 이름이 담길 LinearLayout과 전화버튼이 있다. xml로 나타낸 모습은
아래의 [코드 5.9.9]와 같다.

```
<LinearLayout
    android:id="@+id/book_item"
    android:orientation="horizontal"
    android:layout_width="0dp"
    android:layout_height="60dp"
    android:layout_weight="1">
```

```
<Button
    android:layout_width="40dp"
    android:layout_height="40dp"
    android:layout_gravity="center"
    android:layout_marginRight="15dp"
    android:background="@drawable/btn_call"
    android:id="@+id/book_item_call"/>
```

[코드 5.9.9]

이를 Anko코드로 나타내면 [코드 5.9.10]과 같다. 클릭이벤트도 함께 걸어주었다. Intent 객체를 생성할 때 보면 this@with라는 구문이 있다. with에 인자로 context를 넘겨주었으므로 this@with는 context가 되는 것이다.

그리고 with문을 사용하기 때문에 startActivity 메소드를 객체 호출없이 사용할 수 있다.

또한 버튼에는 전화모양의 이미지를 배경으로 주었으며 전화번호를 가져올 때 쓰는 item 객체는 getView 메소드에서 기존에 가져왔던 객체이다.

```
val layout = with(context) {
    linearLayout {
        linearLayout {
            linearLayout {

                onClick {
                    val modifyViewIntent = Intent(this@with,
FormActivity::class.java)
                    modifyViewIntent.putExtra("mode", FormActivity.MODE_
UPDATE)

                    modifyViewIntent.putExtra("bookId", item.id)
                    startActivity(modifyViewIntent)

                }

            }.lparams(width = dip(0), height = dip(60), weight = 1.0f)
```

```
        button {
                background = context.getDrawable(R.drawable.btn_call)

                onClick {
                        val intent = Intent(Intent.ACTION_DIAL, Uri.
parse("tel:" + item.phone))
                        startActivity(intent)
                }
        }.lparams(width = dip(40), height = dip(40)) {
                rightMargin = dip(15)
                gravity = Gravity.CENTER
        }
    }.lparams(width=matchParent, height = dip(70)) {
topPadding = dip(5)
        bottomPadding = dip(5)
    }
  }
}
```

[코드 5.9.10]

마지막으로 사진과 이름이 들어갈 LinearLayout 아래의 ImageView와 TextView를 정의할 차례이다. 이를
정의한 xml문법은 [코드 5.9.11]과 같다.

```
<ImageView
    android:id="@+id/book_item_photo"
    android:layout_width="60dp"
    android:layout_height="60dp"
    android:src="@drawable/icon_man"/>

<TextView
    android:id="@+id/book_item_name"
    android:layout_width="0dp"
    android:layout_height="60dp"
    android:layout_weight="1"
    android:padding="10dp"
    android:layout_gravity="center"
    android:gravity="center_vertical"
    android:textSize="20dp"/>
```

[코드 5.9.11]

여기까지 구현한 전체 레이아웃 코드는 아래의 [코드 5.9.12]와 같다. imageView쪽을 보자. 여기처럼 레이아웃
구문에서도 조건문을 사용할 수 있다. photoSrc가 null이면 기본사진을 세팅해주도록 조건문을 걸어주었다.

그리고 textView를 보면 매개변수로 이름을 넣어주었다. 이처럼 Text값을 이렇게 매개변수로도 전해줄 수 있다.

```kotlin
val layout = with(context) {
    linearLayout {
        linearLayout {
            linearLayout {
                imageView {
                    if (item.photoSrc == null) {
                        this.setImageDrawable(
                                context.getDrawable(R.drawable.icon_man))
                    } else {
                        this.setImageBitmap(
                                BitmapFactory.decodeFile(Uri.parse(item.
photoSrc).path))  .
                    }
                }.lparams(width = dip(60), height = dip(60))

                textView(item.name) {
                    gravity = Gravity.CENTER_VERTICAL
                    textSize = 20f
                }.lparams(width=dip(0), height=dip(60), weight=1.0f) {
                    padding = dip(10)
                    gravity = Gravity.CENTER
                    leftMargin = dip(10)
                }

                onClick {
                    val modifyViewIntent = Intent(this@with,
FormActivity::class.java)
                    modifyViewIntent.putExtra("mode", FormActivity.MODE_
UPDATE)
                    modifyViewIntent.putExtra("bookId", item.id)
                    startActivity(modifyViewIntent)
                }

            }.lparams(width = dip(0), height = dip(60), weight = 1.0f)


            button {
                background = context.getDrawable(R.drawable.btn_call)

                onClick {
                    val intent = Intent(Intent.ACTION_DIAL, Uri.
parse("tel:" + item.phone))
                    startActivity(intent)
                }
            }.lparams(width = dip(40), height = dip(40)) {
                rightMargin = dip(15)
                gravity = Gravity.CENTER
            }
        }.lparams(width=matchParent, height = dip(70)) {
            topPadding = dip(5)
            bottomPadding = dip(5)
```

```
            }
        }
    }
```

[코드 5.9.12]

이제 다시 어플리케이션을 실행시켜보자. 디자인은 물론 기능까지 100% 동일한 것을 확인할 수 있다.

FormActivity

이제 FormActivity 화면만 남았다. res/layout/activity_form.xml 파일을 보자.

Anko 코드를 작성하기 전에 뷰 요소를 가져오고 이벤트를 걸어주는 initView() 메소드를 지워버리고, setMode 에서도 뷰 요소를 사용하는 모든 코드를 지워버리자. 그리고 onCreate 메소드에서 setMode() 메소드를 super. onCreate() 바로 아래에 두자. 수정된 setMode와 onCreate메소드는 [코드 5.9.13]과 [코드 5.9.14]와 같다.

```
override fun onCreate(savedInstanceState: Bundle?) {
    super.onCreate(savedInstanceState)
    Realm.init(applicationContext)
    realm = Realm.getDefaultInstance()
    setMode()

    // .. 이 이후에 Anko 코드를 작성한다

}
```

[코드 5.9.13] 수정된 onCreate

```
private fun setMode() {
    mode = intent.getIntExtra("mode", MODE_INSERT)

    if (mode == MODE_UPDATE) {
        val phoneId = intent.getIntExtra("bookId", -1)

        if (phoneId == -1) {
            Toast.makeText(this, "잘못된 접근입니다.", Toast.LENGTH_SHORT)
            finish()
            return
        }

        currentPhoneBook = realm!!
                .where<PhoneBook>(PhoneBook::class.java)
                .equalTo("id", phoneId)
                .findFirst()

        currentPhoneBook ?: let {
```

```
        Toast.makeText(this, "존재하지 않는 연락처입니다", Toast.LENGTH_SHORT)
        finish()
        return
      }
    }
  }
```

[코드 5.9.14] 수정된 setMode

최상위 레이아웃에 Vertical 형식의 LinearLayout이 있고, 그 바로 아래에 각각 ImageView, TextView, LinearLayout 3개가 있다. 그 형태를 Anko 문법으로 바꾸면 아래의 [코드 5.9.15]와 같다. LinearLayout 3개 중 가운데 레이아웃은 입력폼을 넣을 곳이므로 세로 방향 verticalLayout으로 선언하였다.

ImageView와 첫 번째 LinearLayout은 코드에서 사용할 일이 있으므로 미리 클래스의 멤버변수로 선언해둔 변수에 할당해준다.

이제 xml과 비교해보며 이 곳에 속성들을 채워보자. 이 Anko 코드들은 전부 MainActivity와 동일하게 onCreate 메소드에 만들어준다.

```
var layout = verticalLayout {
    photoView = imageView {

    }

    textView {

    }

    actionView = linearLayout {

    }

    verticalLayout {

    }

    linearLayout {

    }
}
```

[코드 5.9.15]

먼저 ImageView를 xml로 나타냈을 때에는 [코드 5.9.16]와 같다.

```
<ImageView
    android:id="@+id/form_photo"
    android:layout_width="100dp"
    android:layout_height="100dp"
    android:src="@drawable/icon_man"
    android:layout_gravity="center_horizontal"
    android:layout_marginTop="30dp"/>
```

[코드 5.9.16]

이를 Anko 코드로 변환하면 아래의 [코드 5.9.17]와 같다. 조건문으로 수정모드일 경우 사진이 등록되어있을 경우에만 프로필 사진을 띄워주고, 아닐 경우에는 기본 프로필 사진을 띄우도록 하였다. 그리고 이미지를 클릭했을 시 사진을 촬영하거나 갤러리에서 가져올 수 있도록 이벤트를 걸어주었다.

그리고 Layout Param으로 길이와 높이를 100dp로 주었고, 뷰의 위치를 가로방향 가운데로 위치시켰다. 그리고 상단의 여백을 30dp를 주었다.

```
photoView = imageView {
    if (mode == MODE_UPDATE && currentPhoneBook?.photoSrc != null) {
        imageBitmap = BitmapFactory.decodeFile(currentPhoneBook!!.
photoSrc)
    } else {
        image = getDrawable(R.drawable.icon_man)
    }

    onClick {
        getPhotoImage()
    }
}.lparams {
    width = dip(100)
    height = dip(100)
    gravity = Gravity.CENTER_HORIZONTAL
    topMargin = dip(30)
}
```

[코드 5.9.17]

다음으로 TextView는 xml로 봤을 때 [코드 5.9.18]과 같다.

```
<TextView
    android:layout_width="match_parent"
    android:layout_height="wrap_content"
    android:textAlignment="center"
    android:text="@string/insert_photo_comment"
    android:layout_marginBottom="30dp"/>
```

[코드 5.9.18]

이를 Anko 문법으로 바꾸면 [코드 5.9.19]과 같다. String 리소스에서 가져온 값을 textView의 매개변수로 주었다. 그리고 문자 정렬을 가운데로 주었다. 또한 하단 여백을 30dp 주었다.

```kotlin
textView(getString(R.string.insert_photo_comment)) {
    gravity = Gravity.CENTER
}.lparams {
    width = matchParent
    height = wrapContent
    bottomMargin = dip(30)
}
```

[코드 5.9.19]

그리고 전화와 SMS버튼이 들어갈 LinearLayout는 xml로 구현했을 때 [코드 5.9.20]과 같다.

```xml
<LinearLayout
    android:id="@+id/form_action_layout"
    android:layout_width="match_parent"
    android:layout_height="wrap_content"
    android:orientation="horizontal"
    android:gravity="center"
    android:layout_marginBottom="30dp"
    android:visibility="gone">
```

[코드 5.9.20]

이를 Anko 문법으로 구현하면 [코드 5.9.21]과 같다. 조건문을 사용해 입력모드라면 아예 뷰를 생성하지 않아버리도록 만들었다. 그러므로 Visibility 옵션이 아예 필요하지가 않다. 또한 객체생성 자체가 성능에 영향을 주므로 성능상으로도 아예 생성을 하지 않는 편이 더 좋다.

View들의 위치를 가운데로 배치했고 하단 여백을 30dp로 주었다.

```kotlin
if(mode != MODE_INSERT) {
    actionView = linearLayout {
        gravity = Gravity.CENTER
    }.lparams {
        width = matchParent
        height = wrapContent
        bottomMargin = dip(30)
    }
}
```

[코드 5.9.21]

입력할 EditText들이 들어갈 세로방향 LinearLayout은 [코드 5.9.22]과 같다.

```xml
<LinearLayout
    android:layout_width="match_parent"
    android:layout_height="wrap_content"
    android:orientation="vertical"
    android:paddingLeft="15dp"
    android:paddingRight="15dp">
```

[코드 5.9.22]

이를 Anko 문법으로 나타내면 [코드 5.9.23]과 같다. 특별한 속성은 주지 않았고, 좌우에 15dp씩 내부 여백을 주었다.

```kotlin
verticalLayout {

}.lparams {
    width = matchParent
    height = wrapContent
    leftPadding = dip(15)
    rightPadding = dip(15)
}
```

[코드 5.9.23]

마지막에 있는 저장과 삭제버튼을 보여줄 LinearLayout은 아래의 [코드 5.9.24]와 같다.

```xml
<LinearLayout
    android:layout_width="match_parent"
    android:layout_height="wrap_content"
    android:orientation="horizontal"
    android:gravity="center">
```

[코드 5.9.24]

이를 Anko 코드로 옮기면 [코드 5.9.25]과 같다. 역시 별다른 스타일을 주지 않았고, 내부에 있는 뷰 요소들을 가운데로 배치시켰다.

```kotlin
linearLayout {
    gravity = Gravity.CENTER
}.lparams {
    width = matchParent
```

```
        height = wrapContent
    }
```

[코드 5.9.25]

마지막으로 세 개의 LinearLayout에 각각 들어있는 요소들을 채워보자. 첫 번째 LinearLayout에는 전화버튼과 SMS버튼이 있다. 이를 xml로 나타내면 아래의 [코드 5.9.26]와 같다.

```
<LinearLayout
    android:id="@+id/form_action_layout"
    android:layout_width="match_parent"
    android:layout_height="wrap_content"
    android:orientation="horizontal"
    android:gravity="center"
    android:layout_marginBottom="30dp"
    android:visibility="gone">
    <Button
        android:id="@+id/form_action_call"
        android:layout_width="50dp"
        android:layout_height="50dp"
        android:layout_marginRight="30dp"
        android:background="@drawable/btn_call"/>

    <Button
        android:id="@+id/form_action_sms"
        android:layout_width="50dp"
        android:layout_height="50dp"
        android:background="@drawable/btn_sms"/>
</LinearLayout>
```

[코드 5.9.26]

그리고 이들을 Anko 문법으로 변환하면 [코드 5.9.27]와 같이 된다. 버튼부분만 보자면 전화버튼에는 전화모양 이미지로 배경을 넣어주고, 클릭이벤트를 주어 클릭하면 전화를 걸도록 설정해주었다. 그리고 50dp x 50dp의 사이즈로 만들고, 오른쪽 여백을 30dp 주었다.

또한 SMS버튼도 동일한 방법으로 SMS모양 이미지로 버튼을 만들어주고, 클릭 시 SMS를 보내도록 설정해주었다.

```
if(mode != MODE_INSERT) {
    actionView = linearLayout {
        gravity = Gravity.CENTER

        callBtn = button {
            background = getDrawable(R.drawable.btn_call)
```

```
                    onClick {
                        val uri = Uri.parse("tel:" + currentPhoneBook!!.phone)
                        val intent = Intent(Intent.ACTION_DIAL, uri)
                        startActivity(intent)
                    }
                }.lparams {
                    width = dip(50)
                    height = dip(50)
                    rightMargin = dip(30)
                }

                smsBtn = button {
                    background = getDrawable(R.drawable.btn_sms)

                    onClick {
                        val uri = Uri.parse("smsto:" + currentPhoneBook!!.phone)
                        val intent = Intent(Intent.ACTION_SENDTO, uri)
                        startActivity(intent)
                    }
                }.lparams {
                    width = dip(50)
                    height = dip(50)
                }
            }.lparams {
                width = matchParent
                height = wrapContent
                bottomMargin = dip(30)
            }
        }
```

[코드 5.9.27]

그리고 두 번째 LinearLayout은 각각 이름, 핸드폰, 이메일을 입력하는 EditText를 가지고 있다. 이를 xml로 나타내면 [코드 5.9.28]과 같다.

```
<LinearLayout
    android:layout_width="match_parent"
    android:layout_height="wrap_content"
    android:orientation="vertical"
    android:paddingLeft="15dp"
    android:paddingRight="15dp">

    <EditText
        android:id="@+id/form_name"
        android:layout_width="match_parent"
        android:layout_height="40dp"
        android:hint="@string/insert_name_hint"
        android:layout_marginBottom="20dp"/>

    <EditText
        android:id="@+id/form_phone"
```

```
    android:layout_width="match_parent"
    android:layout_height="40dp"
    android:hint="@string/insert_phone_hint"
    android:layout_marginBottom="20dp"/>

<EditText
    android:id="@+id/form_email"
    android:layout_width="match_parent"
    android:layout_height="40dp"
    android:hint="@string/insert_email_hint"
    android:layout_marginBottom="20dp"/>


</LinearLayout>
```

[코드 5.9.28]

이를 Anko 문법으로 바꾸면 [코드 5.9.29]와 같다. 세 개의 Layout Param은 모두 똑같다. 40dp의 높이에 하단 여백을 20dp 주었다. 또한 수정 모드일 때 유저의 정보를 Text란에 입력되게 하였다.

```
verticalLayout {
    nameView = editText {
        hint = getString(R.string.insert_name_hint)

        if(mode == MODE_UPDATE && currentPhoneBook?.name != null) {
            setText(currentPhoneBook!!.name)
        }
    }.lparams {
        width = matchParent
        height = dip(40)
        bottomMargin = dip(20)
    }

    phoneView = editText {
        hint = getString(R.string.insert_phone_hint)

        if(mode == MODE_UPDATE && currentPhoneBook?.phone != null) {
            setText(currentPhoneBook!!.phone)
        }
    }.lparams {
        width = matchParent
        height = dip(40)
        bottomMargin = dip(20)
    }

    emailView = editText {
        hint = getString(R.string.insert_email_hint)

        if(mode == MODE_UPDATE && currentPhoneBook?.email != null) {
            setText(currentPhoneBook!!.email)
        }
    }.lparams {
```

```
        width = matchParent
        height = dip(40)
        bottomMargin = dip(20)
    }
}.lparams {
    width = matchParent
    height = wrapContent
    leftPadding = dip(15)
    rightPadding = dip(15)
}
```

[코드 5.9.29]

그리고 마지막 레이아웃인 저장과 삭제 버튼이 들어갈 LinearLayout을 설정할 차례이다. 이를 xml로 표현하면 아래의 [코드 5.9.30]과 같다.

```
<LinearLayout
    android:layout_width="match_parent"
    android:layout_height="wrap_content"
    android:orientation="horizontal"
    android:gravity="center">
    <Button
        android:id="@+id/form_submit"
        android:layout_width="wrap_content"
        android:layout_height="wrap_content"
        android:text="@string/btn_save"/>

    <Button
        android:id="@+id/form_delete"
        android:layout_width="wrap_content"
        android:layout_height="wrap_content"
        android:text="@string/btn_delete"
        android:visibility="gone"/>
</LinearLayout>
```

[코드 5.9.30]

그리고 이를 Anko의 문법으로 표현하면 아래의 [코드 5.9.31]과 같다. 버튼에 특별한 디자인은 들어있지 않아 버튼에 들어갈 문구는 button을 생성하며 매개변수로 전달해주었고, 등록과 삭제의 행위는 너무 길기에 별도의 메소드로 분리하였다.

siubmit()과 delete()의 내용은 [코드 5.9.31]과 [코드 5.9.32]에서 볼 수 있다.

```
linearLayout {
    gravity = Gravity.CENTER
```

```
    button(getString(R.string.btn_save)) {
        onClick {
            submit()
        }
    }

    if(mode == MODE_UPDATE) {
        button(getString(R.string.btn_delete)) {
            onClick {
                delete()
            }
        }
    }
}.lparams {
    width = matchParent
    height = wrapContent
    leftPadding = dip(15)
    rightPadding = dip(15)
}
```

[코드 5.9.30]

```
private fun submit() {
    val name = nameView?.text.toString()
    val phone = phoneView?.text.toString()
    val email = emailView?.text.toString()

    if ("" == name || "" == phone) {
        Toast.makeText(this,
                "이름, 휴대폰은 필수입니다",
                Toast.LENGTH_SHORT)
        return
    }

    realm?.executeTransaction { realm ->
        if (mode == MODE_INSERT) {
            currentPhoneBook = PhoneBook()
            val currentIdNum = realm
                    .where<PhoneBook>(PhoneBook::class.java)
                    .max("id")
            val nextId = (currentIdNum?.toInt() ?: 0) + 1
            currentPhoneBook?.id = nextId
        }

        currentPhoneBook?.let {
            it.name = name
            it.phone = phone
            it.email = email
```

```
                it.photoSrc = photoPath

            realm.insertOrUpdate(it)
        }
    }

    finish()
}
```

[코드 5.9.31] submit()

```
private fun delete() {
    val ab = AlertDialog.Builder(this@FormActivity)

    ab.setTitle("정말 삭제하시겠습니까?")
    ab.setPositiveButton("네") { _, _ ->
        realm?.executeTransaction {
            currentPhoneBook?.deleteFromRealm()
        }
        finish()
    }.setNegativeButton("아니오" ) { dialog, _ -> dialog.cancel() }
    ab.show()
}
```

[코드 5.9.32] delete()

Anko 문법으로 모두 변경이 완료되었다. 실행해서 모든 기능이 정상적으로 동작하는 것을 확인하자.

[코드 5.9.33]은 onCreate 메소드의 전체 코드이다.

```
override fun onCreate(savedInstanceState: Bundle?) {
    super.onCreate(savedInstanceState)
    Realm.init(applicationContext)
    realm = Realm.getDefaultInstance()
    setMode()

    var layout = verticalLayout {

        photoView = imageView {
            if (mode == MODE_UPDATE && currentPhoneBook?.photoSrc !=
null) {
                imageBitmap = BitmapFactory.
decodeFile(currentPhoneBook!!.photoSrc)
            } else {
                image = getDrawable(R.drawable.icon_man)
            }
```

```
        onClick {
            getPhotoImage()
        }
    }.lparams {
        width = dip(100)
        height = dip(100)
        gravity = Gravity.CENTER_HORIZONTAL
        topMargin = dip(30)
    }

    textView(getString(R.string.insert_photo_comment)) {
        gravity = Gravity.CENTER
    }.lparams {
        width = matchParent
        height = wrapContent
        bottomMargin = dip(30)
    }

    if(mode != MODE_INSERT) {
        actionView = linearLayout {
            gravity = Gravity.CENTER

            callBtn = button {
                background = getDrawable(R.drawable.btn_call)

                onClick {
                    val uri = Uri.parse("tel:" + currentPhoneBook!!.
phone)

                    val intent = Intent(Intent.ACTION_DIAL, uri)
                    startActivity(intent)
                }
            }.lparams {
                width = dip(50)
                height = dip(50)
                rightMargin = dip(30)
            }

            smsBtn = button {
                background = getDrawable(R.drawable.btn_sms)

                onClick {
                    val uri = Uri.parse("smsto:" +
currentPhoneBook!!.phone)
                    val intent = Intent(Intent.ACTION_SENDTO, uri)
                    startActivity(intent)
                }
            }.lparams {
                width = dip(50)
                height = dip(50)
            }
        }.lparams {
            width = matchParent
            height = wrapContent
            bottomMargin = dip(30)
        }
```

```
        }

    verticalLayout {
        nameView = editText {
            hint = getString(R.string.insert_name_hint)

            if(mode == MODE_UPDATE && currentPhoneBook?.name != null)
{
                setText(currentPhoneBook!!.name)
            }
        }.lparams {
            width = matchParent
            height = dip(40)
            bottomMargin = dip(20)
        }

        phoneView = editText {
            hint = getString(R.string.insert_phone_hint)

            if(mode == MODE_UPDATE && currentPhoneBook?.phone !=
null) {
                setText(currentPhoneBook!!.phone)
            }
        }.lparams {
            width = matchParent
            height = dip(40)
            bottomMargin = dip(20)
        }

        emailView = editText {
            hint = getString(R.string.insert_email_hint)

            if(mode == MODE_UPDATE && currentPhoneBook?.email !=
null) {
                setText(currentPhoneBook!!.email)
            }
        }.lparams {
            width = matchParent
            height = dip(40)
            bottomMargin = dip(20)
        }
    }.lparams {
        width = matchParent
        height = wrapContent
        leftPadding = dip(15)
        rightPadding = dip(15)
    }

    linearLayout {
        gravity = Gravity.CENTER

        button(getString(R.string.btn_save)) {
            onClick {
                submit()
            }
        }
```

```
        if(mode == MODE_UPDATE) {
            button(getString(R.string.btn_delete)) {
                onClick {
                    delete()
                }
            }
        }
    }.lparams {
        width = matchParent
        height = wrapContent
        leftPadding = dip(15)
        rightPadding = dip(15)
    }
}

setContentView(layout)
}
```

[코드 5.9.33]

Anko의 편리한 기능들

Anko에서는 여러 복잡한 안드로이드 문법을 간단하게 해줄 여러 기능들을 제공한다. 그 기능들을 사용해 전화번호부 소스코드를 개선해가며 Anko의 편리함을 느껴보자.

Intent 개선

MainActivity에서 연락처 추가 버튼을 클릭하면 Intent를 이용하여 연락처 추가 액티비티를 띄웠었다. 이에 대한 코드는 아래의 [코드 5.10.1]에서 확인할 수 있다.

```kotlin
insertBtn = button {
    this.gravity = Gravity.CENTER_VERTICAL
    this.background = getDrawable(R.drawable.btn_plus)
    this.onClick {
        val insertViewIntent = Intent(this@MainActivity,
FormActivity::class.java)
        startActivity(insertViewIntent)
    }
} .lparams(width=dip(40), height=dip(40)) {
    leftMargin = dip(10)
    rightMargin = dip(10)
}
```

[코드 5.10.1]

우리가 봐야할 것은 onClick 안의 액티비티를 띄우는 구문이다. 너무 많은 구문을 필요로 한다. 이를 Anko 를 사용하여 개선하면 [코드 5.10.2]과 같다. 2줄에 길었던 액티비티를 띄우는 코드가 한 줄로 매우 간단하게 줄어들었다.

```kotlin
insertBtn = button {
    this.gravity = Gravity.CENTER_VERTICAL
    this.background = getDrawable(R.drawable.btn_plus)
    this.onClick {
        startActivity<FormActivity>()
    }
} .lparams(width=dip(40), height=dip(40)) {
```

```
        leftMargin = dip(10)
        rightMargin = dip(10)
    }
```

[코드 5.10.2]

그러면 extra가 있는 Intent는 어떻게 해야할까?

PhoneBookListAdapter 클래스로 가보자. 여기서는 아이템을 클릭했을 때에 extra에 정보를 담아 Intent를 생성해 FormActivity로 넘어갔었다.

그 코드는 아래의 [코드 5.10.3]과 같다.

```
onClick {
    val modifyViewIntent = Intent(this@with, FormActivity::class.java)
    modifyViewIntent.putExtra("mode", FormActivity.MODE_UPDATE)
    modifyViewIntent.putExtra("bookId", item.id)
    startActivity(modifyViewIntent)
}
```

[코드 5.10.3]

이 또한 Anko를 이용하여 훨씬 간결하게 만들 수 있다. [코드 5.10.4]는 이를 Anko로 표현한 것이다. extra에 값을 담을때는 ["키" to "값"]의 형태로 넣어주면 된다. [코드 5.10.4]와 같이 가변인자처럼 여러 extra를 넘길 수도 있다.

딱 필요한 내용들만 들어있기 때문에 매우 간결하고 편리하게 표현할 수 있다.

```
onClick {
    startActivity<FormActivity>("mode" to FormActivity.MODE_UPDATE,
        "bookId" to item.id)
}
```

[코드 5.10.4]

전화를 걸거나 SMS를 보내는 등의 안드로이드 내장기능을 사용할 때에는 더 간단하게 사용할 수 잇다.

[코드 5.10.5]와 [코드 5.10.6]은 각각 FormActivty에서 전화와 SMS를 보내는 동작을 하는 코드이다.

```
onClick {
    val uri = Uri.parse("tel:" + currentPhoneBook!!.phone)
    val intent = Intent(Intent.ACTION_DIAL, uri)
    startActivity(intent)
}
```

[코드 5.10.5]

```
onClick {
    val uri = Uri.parse("smsto:" + currentPhoneBook!!.phone)
    val intent = Intent(Intent.ACTION_SENDTO, uri)
    startActivity(intent)
}
```

[코드 5.10.6]

이를 Anko를 사용하면 각각 [코드 5.10.7]과 [코드 5.10.8]처럼 줄어든다. 메소드형식으로 만들어놔서 번호만 넘기면 바로 인텐트를 띄울 수 있다. 하지만 makeCall 같은 경우는 기존처럼 다이얼로 넘어가는 것이 아니라 바로 전화를 걸기 때문에 별도의 퍼미션 설정이 필요하다.

```
onClick {
    makeCall("tel:" + currentPhoneBook!!.phone)
}
```

[코드 5.10.7]

```
onClick {
    sendSMS("smsto:" + currentPhoneBook!!.phone)
}
```

[코드 5.10.8]

Toast 메시지

전화번호부를 만들 때 에러메세지를 만들 때 Toast 메시지를 사용했었다.

대표적으로 submit() 메소드를 만들 때 이름과 전화번호가 비어있으면 입력하라는 유효성 검사 메시지를 띄웠었다.

그 코드는 아래의 [코드 5.10.9]와 같다.

```
if ("" == name || "" == phone) {
    Toast.makeText(this,
            "이름, 휴대폰은 필수입니다",
            Toast.LENGTH_SHORT)
    return
}
```

[코드 5.10.9]

이를 Anko를 사용하여 훨씬 간결하게 만들어낼 수 있다. [코드 5.10.10]은 간결하게 줄인 Toast 메시지이다.

또한 메시지를 길게 유지해야할 필요가 있을 경우는 Toast.LENGTH_LONG 옵션을 주었었다. 이러한 긴 메시지도 [코드 5.10.11]과 같이 사용할 수 있다.

```
if ("" == name || "" == phone) {
    toast("이름, 휴대폰은 필수입니다")
    return
}
```

[코드 5.10.10]

```
if ("" == name || "" == phone) {
    longToast("이름, 휴대폰은 필수입니다")
    return
}
```

[코드 5.10.11]

다이얼로그

다이얼로그도 Anko를 사용하여 더 간결하게 줄일 수 있다. 우리가 전화번호부에서 다이얼로그를 사용했던 예로는 연락처를 삭제할 때가 있다. 삭제버튼을 클릭할 시 정말 삭제할 것인지 확인 다이얼로그를 띄웠었다.

그 코드는 아래의 [코드 5.10.12]와 같다.

```
private fun delete() {
    val ab = AlertDialog.Builder(this@FormActivity)

    ab.setTitle("정말 삭제하시겠습니까?")
    ab.setPositiveButton("예") { _, _ ->
        realm?.executeTransaction {
```

```
            currentPhoneBook?.deleteFromRealm()
        }
        finish()
    }.setNegativeButton("아니오" ) { dialog, _ -> dialog.cancel() }
    ab.show()
}
```

[코드 5.10.12]

이 코드를 Anko를 이용하여 간결하게 하면 아래의 [코드 5.10.13]과 같다. 별다른 객체생성 없이 바로 다이얼로그를 띄울 수 있다.

```
private fun delete() {
    alert("정말 삭제하시겠습니까?") {
        yesButton {
            realm?.executeTransaction {
                currentPhoneBook?.deleteFromRealm()
            }
            finish()
        }

        noButton {}
    }.show()
}
```

[코드 5.10.13]

그리고 추가적으로 우리는 FormActivity에서 사진영역을 클릭할 시 카메라로 촬영할지, 갤러리에서 가져올지 선택하는 다이얼로그도 띄웠었다.

그 코드는 아래의 [코드 5.10.14]와 같다.

```
private fun getPhotoImage() {
    val items = arrayOf("카메라에서 가져오기", "앨범에서 가져오기")
    val ab = AlertDialog.Builder(this)

    ab.setTitle("사진 가져오기")
    ab.setItems(items) { dialog, whichButton ->
        if (whichButton == SELECT_TAKE_PICTURE) {
            takePicture()
        } else if (whichButton == SELECT_PICK_GALARY) {
            getPhotoFromGalary()
        }
    }.setNegativeButton("취소") { dialog, _ -> dialog.cancel() }
    ab.show()
}
```

[코드 5.10.14]

이를 Anko를 이용해 간결하게 개선하면 아래의 [코드 5.10.15]와 같다. 먼저 arrayOf가 아니라 listOf로 List로 목록의 타입을 바꿨다. 그리고 selector 메소드를 이용해 간단하게 선택 다이얼로그를 띄웠다.

이 또한 기존 코드와 비교해보면 아주 많이 간결해진 것을 볼 수 있다.

```
private fun getPhotoImage() {
    val items = listOf("카메라에서 가져오기", "앨범에서 가져오기")
    selector("사진 가져오기", items, { _, whichButton ->
        if (whichButton == SELECT_TAKE_PICTURE) {
            takePicture()
        } else if (whichButton == SELECT_PICK_GALARY) {
            getPhotoFromGalary()
        }
    })
}
```

[코드 5.10.15]

이 외에도 Anko에는 로깅이나 코루틴, SQLite 등 여러 편리한 기능들을 지원한다. 아직 버전도 낮아 새로운 기능들이 더 추가될 가능성이 높기도 하다.

더 많은 내용은 Anko Github Wiki (https://github.com/Kotlin/anko/wiki)에서 볼 수 있다.

저자 협의
인지 생략

자바개발자를 위한
KOTLIN

1판 1쇄 인쇄 2017년 12월 01일
1판 1쇄 발행 2017년 12월 05일

—

지 은 이 박중수
발 행 인 이미옥
발 행 처 디지털북스
정　　가 20,000원
등 록 일 1999년 9월 3일
등록번호 220-90-18139
주　　소 (04987) 서울 광진구 능동로 32길 159
전화번호 (02) 447-3157~8
팩스번호 (02) 447-3159

—

ISBN 978-89-6088-215-7 (93000)
D-17-19

DIGITAL BOOKS since 1999
www.digitalbooks.co.kr